土佐の郷士
龍馬たちの
自由　対等
失業サムライの詩《うた》

絶望と涙にうちひしがれ
　苦しみの中にある時
明日への希望や生きる力を
与えてくれるのが詩《うた》とするなら
自由　対等の「永代小作権」は
　失業サムライが書き上げた
まぎれもない詩《うた》である。

はじめに

いくつかの調査機関が実施する日本人の人気度調査ランキングによると、自然なふるまいで知られる坂本龍馬はいつも上位に入っています。どうして大衆のあいだで長く人気を保っているのか、このあたりの事情を知ることは現代人がどのようなものに価値を感じ生きているのか、多くの人が持つ「ものの見方や考え方」を知るひとつの手がかりになると思います。

坂本龍馬のほかにも、「板垣は死すとも自由は死せず」と死ぬ間際《まぎわ》まで強《つよ》がったと大衆のあいだに伝えられる自由民権運動の板垣退助、何度も刑務所に囚《とら》われながらもとうとう今日の三菱企業グループの礎《いしずえ》を築いた岩崎弥太郎、あるいは「バカヤロー」と言い放って国会を解散してしまったことで有名な吉田茂元首相など、これら個性的な人たちはみんな坂本龍馬と共通した一つの「特徴」を持っているように思えます。

他人の同調を必要とせず、もちろん親・兄弟の意見もほとんど聞かない、自分に向けられる評価に関心が薄く、一度決めたらもう止まりません。ほとんど信念とも言えそうな強い思い込みで突き進んでゆく生き方。これを現代標準語で言えば「我がまま」、少し上品な表現をすれば「主我的《しゅがてき》」、さらに格調をつければ「自由の尊厳《そんげん》」。しかしいくら敬意を表して「自由の尊厳」と言っても、そこには社会観や公益観がみごとに欠落している場合も多いので、ときどき困ったことになります。これが土佐の「いごっそう」、女性の場合は「はちきん」の由来《ゆらい》につながってゆきます。

坂本龍馬が生きた江戸時代は、「士農工商」の身分制度で生活や行動がそれぞれ制約され、子供は親に逆《さか》らわず、目上《めうえ》の人には頭を下げ、とくに武士たちには「主君への忠誠」が求められ、ほとんど毎日が自分を犠牲にしなければならない。

つまり「自己犠牲《じこぎせい》」を基本としたきゅうくつな社会でした。

封建制度が終わり、近代に入って長い歳月が流れた明治45年になって、龍馬と同じ時代を生きた乃木稀典将軍は明治天皇の崩御《ほうぎょ》(死ぬこと)とともに「切腹」して自害・殉死《じゅんし》しました。「主君に忠実な臣下」として、また感動を伴う武士道哲学として、当時の新聞で大きく報《ほう》じられ、知識人たちや一般大衆社会に強い衝撃を与えました。

一方、商家・才谷屋に育った坂本龍馬は自分の考えで藩令を侵《おか》して脱藩し、京都に逃亡、ゆくえ知れずとされました。その後、薩長同盟をみちびき、最後に京都で中岡慎太郎といっしょに暗殺されます。江戸時代の封建制度も終わり、新しい近代国家として長い歳月が流れますが、型破りに見える龍馬が乃木将軍より13才も年上なので、それだけ古くさい年寄りのはず、封建制のなごりや保守性が、若い乃木将軍より色濃くあってもいいはずです。しかし、二人の価値観は、同じ時代に生きたにもかかわらず大きく違っています。どうしてでしょうか。

ここでぼんやり浮上するのが、親から子へと引き継がれる思想的DNAです。つまり家庭環境や自分をとりまく気風や風潮、育った地域の風土的な雰囲気など、これらの影響を少しずつ受けた「習慣」という曖昧《あいまい》な記憶の支配によって、「ものの見方、考え方」は無意識に子供のころからしだいに形成されてゆくのではないでしょうか。

言いかえると、自分自身を高く評価して一人満足する「愛すべき生き方」や、坂本龍馬のように他人の批判や制裁を気にしない「陽気な自由の尊厳」を中心軸とした生き方など、自分の思うままに「我が道」を楽しく生きようとする気風が土佐の伝統的な土着風土の流れの底辺にあるのではないでしょうか。もしそうだとすると、いったいいつ頃からこのような自由を縁《ふち》どる輪郭がはっきり現れるようになったのでしょうか。歴史の中に、その由来《ゆらい》や起源《きげん》、いきさつなど、古い記録を見ながら、自由への旅路とその道のりを歩いた旅人たちの足跡を辿《たど》ってみたいと思います。

目次

一、江戸時代の土佐では、すでに「近代」が誕生していた

1　全国的に特異な永代小作権

小説『竜馬がゆく』の主人公に描いてみたい――と創作意欲を掻《か》きたてるほど、作者・司馬遼太郎を魅了した坂本龍馬。小説の出版とともに、その自由あふれる人間像は多くの読者の知るところとなりました。大衆の英雄へとみちびかれた龍馬の飾らない自然なふるまい、型破りな行動、いわばこれら土佐の「我がまま」から始まる「自由の尊厳」を生きぬいた個性豊かな人物が、なぜ土佐では近世後期から近代というこの時期だけに集中して、大量に出現したのでしょうか。

自分の考えで自由に行動する人たち、このことに大きくかかわるものとして考えられるのが、江戸時代の土佐に広く普及した奇抜《きばつ》な発想、地主の土地を小作人が永遠の権利として自由に耕作利用できる「永小作」※1という「ものの見方、考え方」だと言えます。

このころ、全国に存在したほとんどの「永小作」は長いものでもおよそ最高30年くらいを限度とする単なる借地の契約であり、もちろん売買の対象にはなりません。

これに対して、土佐で普及した「永小作」は「永代にわたる小作権」を意味し、「永久」に借地でき、完全支配できる権利でした。しかもその権利は前もって特に約束された以外、地主の承諾なしで自分の好きなように譲渡、売買できたのです。これは、実のところ「所有権」とほとんど変わらないことを意味します。

「借りた他人の土地を小作人が永遠に支配でき、売買できる」という独創的な権利は、全国でもめずらしく、日本のどこかにまれなケースとして存在したかもしれませんが、確認された設定件数を調べてみると、土佐の全小作地の半分以上の農地にまでこの「永小作」が設定されていたのです。

このように、他県に存在した「永小作」と土佐の「永代にわたる小作権」は、もともと法学上の性質がまったく違っているので区別して扱うべきですが、明治政府・大蔵省の調査記録では一緒に指数化されています。

「永小作」という単純な小作契約は、土佐をのぞく日本全国で合計約2、500町歩（1町歩＝3、000坪）が存在するに過ぎないのに対し、今日の「所有権」に近い「永代にわたる小作権」は土佐だけで約8、500町歩の契約が確認されています。全国比較で比べものにならないほど多く存在していました。

司法省・高知地方裁判所の記録（高知地方裁判所検事局座談会筆記録　昭和14年8月19日）によると、江戸時代の村々では百姓層の文字教育は遅れたので、当時は契約書以外に口約束が相当多くあったと記録されています。つまり口約束を加えると、土佐では民衆のあいだで「永代にわたる小作権」の考え方は異常なほど浸透していたのです。

また、江戸期から明治期にかけ、日本の平均的な小作料は収穫高のおよそ40～68％くらいですが、土佐の「永代にわたる小作権」の小作料は約5～38％と極端に低いものでした。これは、農地に関するいっさいの管理を小作人にまかせ、あとは不在地主として「まる投げの一括管理」という、ほぼ放任状態だったことや、さらに公租公課としての税金も話し合いで小作人に負担させるという奇妙な関係がその背景にありました。

この永小作権を持つ小作人たちは、いつしか病気や災難を口実にやがて売買譲渡、

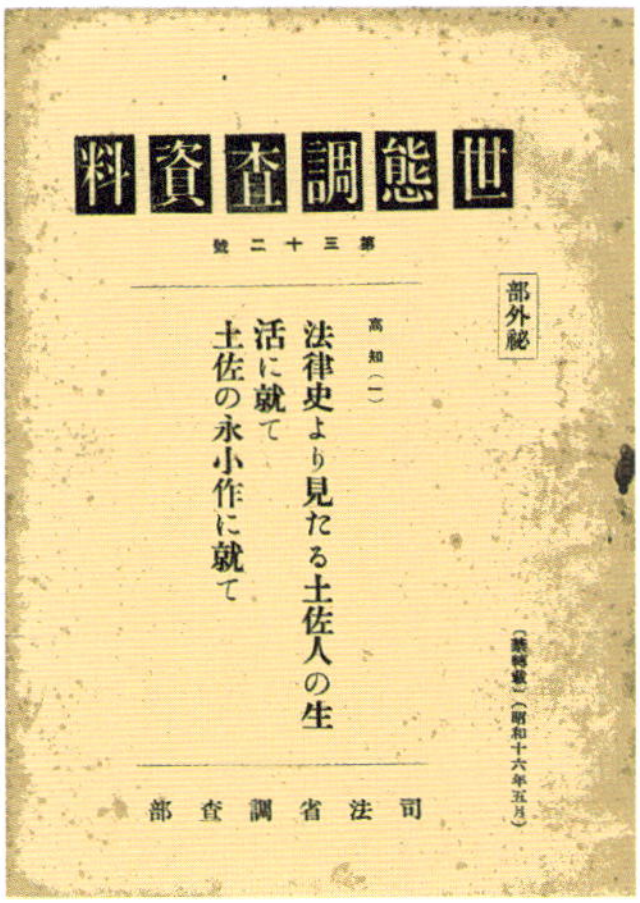
世態調査資料
第三十二號
部外秘
高知（一）
法律史より見たる土佐人の生活に就て
土佐の永小作に就て
（昭和十六年五月）
司法省調査部

司法省世態調査

土佐の永小作（永代小作権）について詳しく報告されている。司法省による報告書作成の目的は不明。「部外秘」とされている。報告書は高知地方裁判所長・堀　耕作　検事正・岩淵彰郎　部長・三好眞一　判事・福島　昇　判事・石原武夫　監督書記・島内　優　高知県農会長・伊野部重明　高知県農会幹事・中澤浪治その他 寺石正路　坂本久壽　大石　大　らによってに作成されている。（昭和16年1941）

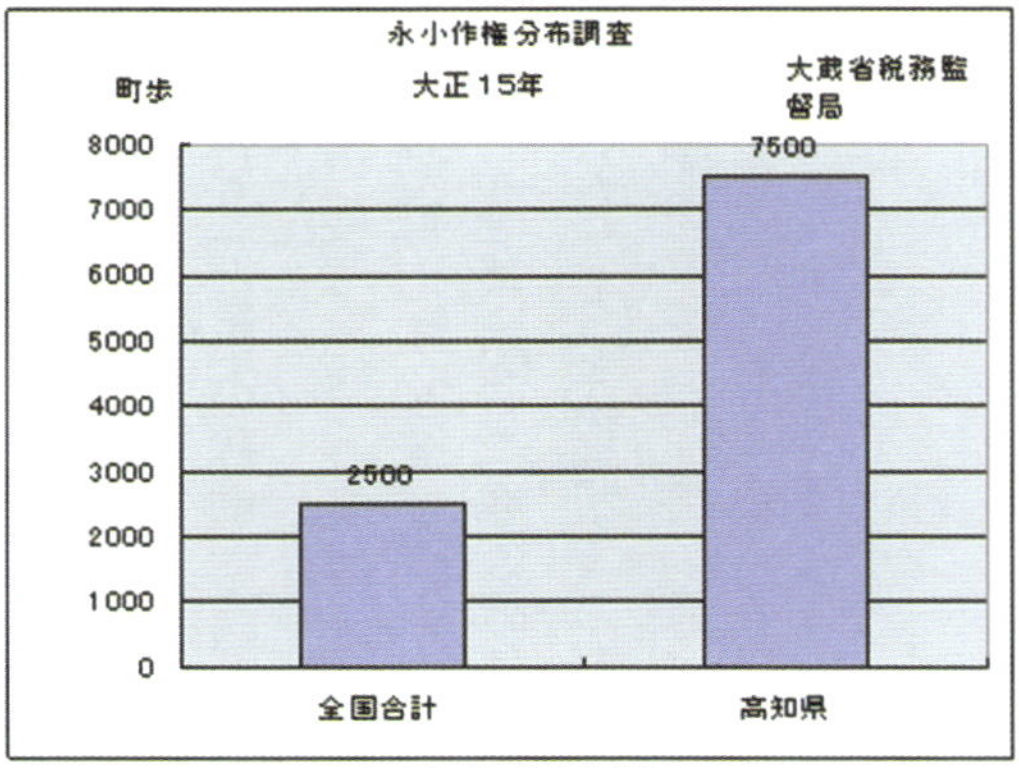

永小作（永代小作権）

大正15年大蔵省税務監督局調査資料による。

あるいは当時「又作《またさく》」と呼ばれた下請けに出すことで利益の中抜きを始めるなど、しだいに「永小作」のひろがりは水面下で進んでいったようです。

しかしこのことで、「権利と義務」や「資本と労働の分離」という近代の概念が土佐の農民レベルに最初に現れはじめ、「損か得か」というわかりやすい日常生活の実学を通して民衆の中に合理主義が深く入り込んでゆくことになったのです。

つまり、土佐の一般農民や下層の庶民たちは「永代小作権」を手に入れることで、生きてゆく上で最低限の「福祉」を手に入れたわけです。そもそも特別な場合を除き、地主が小作人たちに「永代にわたる小作権」の自由な売買譲渡を許したことは、強い立場の地主とか弱い立場の小作人という常識的な固定観念をはるかに越えていると言わざるをえません。

相手の立場や自由を尊重し、「自由な生き方」をみとめ合う「自由の尊厳」という意識、つまり人間はそもそもお互いに「自由、対等」であるというぼんやりとした一定の体系をそなえた考え方が庶民の本音の日常に存在したことを意味しています。

別の言い方をすると、人間にとって「自由の尊重」という近代的な「ものの見方、考え方」が土佐の地方風土の中に輪郭《りんかく》をもって形成されていたことを物語っています。江戸時代の土佐には、すでに「近代」が誕生していたのです。

2　郷士層が身につけた経済力

そもそも窮屈《きゅうくつ》な封建時代にもかかわらず芽《め》を出した「自由の尊重」という哲学思想

は、いったいどこに由来《ゆらい》し、どのようにして土佐で定着するようになったのでしょうか。

一言でいえば、身分的に今ひとつあいまいな形でスタートした土佐の郷士たちの存在と行動が、特異な「永代にわたる小作権」のぼう大な普及にふかく関係していたのです。

武士とはいえず、しかし正式な百姓でもない、一風かわった身分の「郷士」※2たち、かれらの存在は江戸時代のはじめ、長宗我部から山内一豊へ殿様の交代、つまり「お国替え」という特殊な歴史事情をきっかけに、他の諸藩とは違った土佐独特な郷士制度として奇妙な展開をしてゆきました。

「関ケ原の戦い」以後、城を追われ、土地(知行地)を奪われ、没落《ぼつらく》する長宗我部一族の旧家臣であった失業サムライたちに、新領主になった山内土佐藩は正保元年(1644)、あれた土地を農地として開発すればその新田農地の所有を特権としてあたえる「百人衆郷士」※3の募集を積極的に始めます。

戦国乱世の戦後処理のあと始末として、旧長宗我部の家臣であった失業サムライたちに、新田の開発特権を与えたのですが、この時、落ちぶれた失業サムライの新田開発に参加した小作人たちに、労務負担を小作人たちの責任とし、その見返りとして小作人たちに「永代にわたる利害の保障」として自由な土地支配を約束したため、このあたりに「永代にわたる小作権」が発生するそもそもの起源が生まれました。

今も高知県の山林面積は県土のおよそ84%を占め、日本一と言われるほど山間地が多く、生産石高で30石以上の収穫という小さ過ぎず、また250石以下という決して大き過ぎない、このような開発制限を満たす適当な開発候補地はいたる所に存在したわけではなく、良好地はすでに土佐藩の直轄地に編入されており、結果的に里山付近か、あるいは傾斜のきつい過酷な山間荒地が多かったのです。

水田の保水を一定の状態で水平に保つよう田地をつくり上げることは想像以上に多大な労苦を必要とします。しかし、百姓たちは小作料が安かった山間地方での郷士との共同開発に喜んで向かってゆきました。

このあたりに困難にも屈せず、克服しようと歯をくいしばる土佐人の精神的骨格を見ることができます。山野に隠れ、土豪化した失業サムライたちが新しい山内土佐藩の権威に対峙《たいじ》し、威圧《いあつ》にくっせず正面から反骨《はんこつ》する頑強な精神性を、植木枝盛が発したとされる「自由は土佐の山間より出づ」にかかわる風土的な起源をこのあたりに見ることができると思います。

その後、長宗我部の旧家臣たちは、山内土佐藩における最下層の「郷士」身分に新たに仕官《にんかん》して、屈辱《くつじょく》に耐えながらも新田開発の事業にはげむ中、やがて蓄財《ちくざい》を成《な》す者が出はじめ、郷士職は「おいしい身分」として庶民に注目されてゆきます。

そして宝暦13年（1763）の「幡多郷士募集」以降には、お金で郷士身分を手に入れた譲受郷士《ゆずりうけごうし》と呼ばれる新しいタイプの「自由郷士」※4も含め、一般人も多く新田開発に参入し始め、そこで得た経済力を背景に全体として郷士層が社会の水面下で無視できない新興勢力の存在として台頭してくるのです。

およそこの頃から、土佐における解放された自由な気風が世間という本音の現実世界で少しずつ加速し始めることになります。

このとき、郷士たちが金儲けのためさかんに使った金融手法が、「永代にわたる小作権」や「加地子米収得権」※5の売買でした。「加地子米収得権」とは小作料を受け取る権利のことで江戸幕府の「田畑売買禁止令」下における巧妙《こうみょう》に偽装した土地売買と言えます。

このような「分割所有権」または「二重所有権」とも言うべきまったく新しい「価値の開発」や、地主も小作人もお互い自由に「権利」を売買できる私的取引の活発化、さらに跡つぎのない家系の養子縁組をきっかけとした郷士株売買のなしくずし的な公然化など、土佐の国では、もはや固定化された窮屈《きゅうくつ》な封建制度の枠をいち早く脱し、世界史レベルでも驚くべき早さで「土地と身分の解放」が進んでいったのでした。

食糧にかかわる重要な経済政策であった新田開発の事業を特権として、約200年間以上にわたって土地や身分の売買やその周辺の利権をほぼ独占した郷士たちの中には、18世紀のドイツ・ユンカー層やイギリスの地主層・ジェントリーたちと同様に、すでに封建制からいち早く脱し、近代合理性の追求というブルジョア層に共通する特徴をそなえた人たちがこの頃ぞくぞく出はじめました。

金儲《かねもう》けをまったく罪悪視《ざいあくし》しない、いわば「陽気な功利主義者」や「したたかな現実主義者」たちの活発で創造性あふれる近代的な精神性が、世間の本音、大衆の日常を通して広がってゆくという、とても他の全国諸藩では考えられない「奇妙な社会の出現」が近世・土佐の水面下で大胆に進行していったのです。

二、土佐の郷士制度は山内藩の懐柔策《かいじゅうさく》から生まれた

1　小大名の苦肉の策

日本の歴史上、運命の分かれ目となった「関ケ原の戦い」で勝利したのは、徳川家康でした。日本一強大な組織となった徳川幕府のいわば支店長として、掛川(静岡県)のおよそ6万石の小大名・山内一豊が異例の出世をして、およそ4倍くらいの土佐24万石の新領主として慶長6年(1601)、土佐に入国します。

すべてはここから始まりました。おもしろくないのは、長宗我部一族の武将やその家来をふくめた一族郎党たちです。九州の島津家も、中国の毛利家も、「関ケ原の戦い」では、ともに西軍・豊臣側に味方しましたが、いずれも領地を少し減らされただけで基本的にはおとがめなしでした。

土佐の長宗我部家だけが、なぜかすべての知行地(領地)を奪われたのです。おかげで家来たちは城を追われただけでなく、土地を奪われ、失業し、たちまち明日からの生活に困ることになる。

なぜ徳川家康は、土佐の国だけ領主を強引に交代させる「お国替《くにが》え」を強行するのか、

不公平だと怒るのも当然です。

長宗我部家の主君は京都で幽閉《ゆうへい》に近い状態でありながら、家臣たちの心の中には生きており、西国の覇者・戦国武将の武士道精神は浦戸城を死守しようと最後まで山内一豊勢力と徹底抗戦を行います。

慶長5年(1600)の「浦戸の戦い」※6で、長宗我部家の家臣軍団は多くの死者を出し鎮圧《ちんあつ》されますが、山内一豊に対する怒りや反感を抱く者は多く、不穏《ふおん》な空気は漂《ただよ》いつづけます。

静岡からやってきた山内一豊の軍事勢力は禄高《ろくだか》1石~100石までの重臣226名を含む総数およそ1,000人といわれ一方、長宗我部家は四国を武力平定した実績を持つ戦国武将で、その家臣団総数は約10,000人と伝えられています。軍事的な武装力の差はおよそ10倍というけた違いの実力でした。

とはいえ、山内一豊の背後には徳川家康がひかえています。長宗我部の家臣たちもうっかり手を出すと権力の頂点に立った徳川家康を敵に回すことになり、結果は見えています。山内一豊一族と長宗我部一族残党たちの両者はにらみ合い、そのまま歳月が流れてゆきます。

土佐に入国後、山内一豊は現在の大高坂に居城を強固に築くあいだ、長宗我部の家来たちは土地の知行権(権利)を奪われ、ある者は逃亡し、ある家族は悲運を嘆き一家離散になるなど混乱の中、絶望感や屈辱の苦悩を味わいつつ、やがてほとんどが浪人化、土豪化《どごうか》して行ったのでした。

約400年間続いた土佐国出身の殿様が追放され、本州からよそ者の新しい領主がやってくる、どんな残虐な殿様かわからない……。百姓や一般庶民にまで不安や恐怖が広がり、農地の耕作を放棄してどこかへ逃亡する「走り者」※7も続出するなど、人心不穏《じんしんふおん》な様子は想像以上に深刻だったようです。

2　嫌悪《けんお》を生んだ「桂浜相撲虐殺事件」

天正9年（1581）、織田信長が発した上表（領地を差し出せ）の命令を拒否し、戦国の覇者・豊臣秀吉とも堂々一戦交えることを真剣に考えた戦国武将・長宗我部元親の覇権《はけん》力を支えた家臣団は、四国を平定し、戦国の世にふさわしい武士道精神「武勇の誉《ほま》れ」を内面にもっていたと想像されます。

それに比べ、戦国乱世を生き抜く処世術《しょせいじゅつ》だったとしても、豊臣秀吉の知遇から身を起こし、その後、徳川家康に味方して約6万石の小大名から土佐24万石の大名に出世した山内一豊という武将を、土佐人たちはどのように見ていたのでしょうか。

室町幕府のあと、権力の多元化に突入した戦国乱世の時代、覇権で確立される統治体制の具体的な宣言が「城の明け渡し」だと言えます。天下人になった徳川家康の「お国替え」が発せられたあとも、主君の命令がなくても城の明け渡しを断固拒否し、273人の死者を出してまで「浦戸城」を死守しようと戦った家臣団たちの強い決意を見ることができます。

戦時法上の「浦戸の戦い」という武力による政治決済を選んだ長宗我部一族がこころに抱く納得できない権力に抵抗する心情として、他国からやってきた新領主に対する

長宗我部家臣供養体仏

新領主となった山内一豊に浦戸城の明渡しを拒否して山内勢力と闘い、約273人の長宗我部家臣が戦死した。この浦戸の戦い（浦戸一揆）で戦死した長宗我部家臣たちを供養してまつられた供養体仏。高知市桂浜　花街道沿線北側

嫌悪感、内面にひそむ敵対意識や抵抗意識は、我々の想像以上に大きかったようです。

事実その後、山内一豊による統治宣言に近い公法上の強い示唆《しさ》行動もなく、また一方、長宗我部元親の残党たちは公式的な武装解除もせず、封建時代の人格的な暗黙の契約である「主君と家臣」として決着されるべき関係は、いまひとつ中途半端なまま時代は進んでゆきました。その意味では、山内土佐藩は長宗我部元親の亡霊たちを江戸・近世期一貫して温存しつづけることになったと言えるかもしれません。

山内一豊一族に向けられる冷たい視線、山内権威に対する徹底的な懐疑《かいぎ》の念、これら長宗我部一族のレジスタンス的な「反骨」意識を決定的にする出来事が慶長6年（1601）に起きます。

仲良く懇親《こんしん》するための親睦会《しんぼくかい》と偽《いつわ》って娯楽相撲大会を催《もよ》し、桂浜に集まるよう呼びかけます。そこで、武器を持たない

一領具足《いちりょうぐそく》や庄屋、一般庶民まで含め土着土佐人73名が突然銃口を向けられ皆殺しにされた「桂浜相撲残虐事件」、これは最初から計画されたものでした。小大名出身の姑息《こそく》で卑怯《ひきょう》なやり方として軽蔑《けいべつ》を招き、これ以降、山内一豊一族への不信感は増幅され、ほとんど憎悪《ぞうお》に近い心情だったかもしれません。

長く続くことになった山内土佐藩に対する嫌悪と不信の念は、約10、000人に及ぶ長宗我部一族やその家族、親から子へ、子から孫へと歳月《さいげつ》が流れるにしたがって薄らいでゆくものの、憎しみの血統を相続する末裔《まつえい》たちは単純にその数だけ増え続けることになります。やり場のない屈辱感と不満は、語りつがれる子孫だけでなく、多くの土佐人の内面に深い傷あととして記憶され、土佐の「反骨的な精神」がこのあたりから風土の底辺に輪郭をもって姿をみせるようになったと言えるのではないでしょうか。

3　本山一揆《いっき》にこめられた反骨のメッセージ

時の権力に恨《うら》みや嫌悪を抱きながら武装解除もされないまま、弓、槍《やり》、刀など凶器を所持して山野にひそむおびただしい人数の大きなかたまりが、危険な不穏分子の武装勢力として山内土佐藩の前に突然出現することになりました。

「浦戸の戦い」、「桂浜相撲虐殺事件」のすぐあと、慶長8年（1603）、現在の長岡郡本山町で「滝山《たきやま》騒動」が起きます。この武力蜂起《ほうき》は、北山地域での約500石の領地をめぐり、長宗我部治世には庄屋職だった高石左馬之助と山内土佐藩との間の紛争が発端《ほったん》

長宗我部元親
土佐国の領主として長く君臨し、四国を平定した時期には織田信長ともはげしく対立した戦国覇者のひとり。

でした。

高石左馬之助は新しく入国した山内一豊を正当な支配権者と認めない立場をとり、滝山山岳を舞台にわずか30数人の兵で数百人の山内一族の兵力を相手に戦った無謀《むぼう》ともいえる「私戦《しせん》」でした。

へたをすれば入国した山内一族およそ1、000人の兵をすべて敵にまわすことになりかねない、ほとんど自殺行為に近く、48才というこの時代決して若くない高石左馬之助のあえてとったこの行動は、権力に対する強烈な「反骨のメッセージ」が含まれていたと考えることができます。

土佐の山野に土豪化した長宗我部一族郎党たちの一斉蜂起《いっせいほうき》を期待したという明確な記録は残っていませんが、わずかの手勢《てぜい》で正面から立ち向かった勇気ある戦いは、語りつがれ、これ以後消えることのない権力にくっしない土佐の声なき大衆たちの内面的な「反骨の歴史」のはじまりだったと言えるかもしれません。

土豪化したとはいえ戦国乱世のなごりを色濃く残す旧長宗我部家のサムライたちは、当時まだおよそ10倍の兵力を保っていました。彼らがもし一斉に決起《けっき》すれば、たちまち山内一族は亡びます。血の凍《こお》るような恐怖、山内土佐藩は高石左馬之助のような勇敢《ゆうかん》に見える武力蜂起《ぶりょくほうき》を心の中では最も警戒していたと考えられ、これら不気味なサムライ集団の恐怖にどのように向かい合えば良いのか、これという解決策もないまま時は流れてゆきます。

4　野中兼山の懐柔《かいじゅう》策

そこで登場するのが、山内土佐藩の野中兼山※8でした。彼は正保元年（１６４４）、現在の香美市物部川で農耕用水の山田堰《やまだぜき》を完成させると、さっそく現在の香南市の野市地域で新田を開墾《かいこん》する意欲的な希望者を「百人衆郷士」として新規募集し始めます。

殖産振興のねらいは当然ふくまれていたと思われますが、主な政治課題は長宗我部一族の山野に土豪化した不気味《ぶきみ》な残党たちに対する巧妙《こうみょう》な懐柔策《かいじゅうさく》であったと言われています。

「百人衆郷士」募集とは具体的には、長宗我部の家臣であったことを証明する書面を付けて申し込むと、認められた者には開墾した新田を領地《りょうち》としてあたえるという内容で、さらに山内土佐藩が新しく用意した「山内一族の郷士職」という正式名称を授《さず》けるというものでした。

あくまで正式な土佐藩士とは大きく格差をつけた、いわば形式的な武士に準《じゅん》じる資格という「肩書き」だけの身分に過ぎなかったのですが、主君を失い身のおき場もない旧長宗我部の失業サムライたちにとって、見透《みす》かされた懐柔策だと分かっていても、まったく興味のない話ではありませんでした。

この「郷士大募集」のキャンペーンの中身を見ると、荒れた土地を新しく開墾《かいこん》すればその新田から収穫できる米（物成米）は原則として郷士たちが独占できるように決められていました。開墾した土地は「底土《そこじ》」といって郷士が所有する領地（土地）となり、さらにこの土地を小作人に下請けさせる場合には、公然と小作料をもらうこともできました。

野中兼山

土佐独特の郷士制度を断行し新田開発を推進した。港湾や河川整備をはじめ流通政策など殖産振興事業の一大プロジェクトを実行した。

山田堰《やまだぜき》

現在にその姿を残す野中兼山による山田堰灌漑事業。

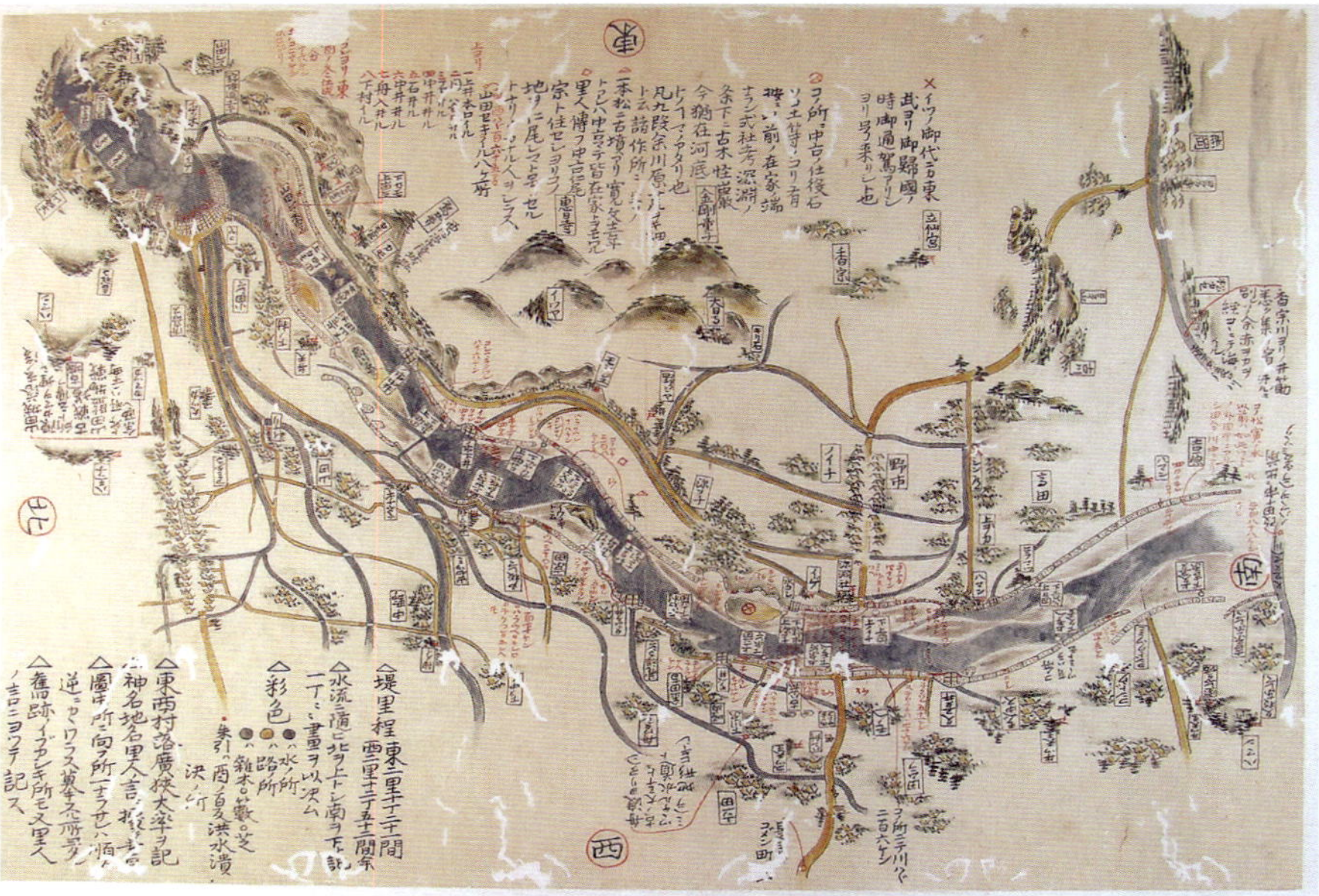

物部川流域古絵図

江戸時代（寛政元年1789）安芸市立歴史民族資料館所蔵

また、仮に何かまずい失敗や過失などがあって土佐藩に郷士職を免職されたときも、その免職理由が、たとえば「闕所《けっしょ》」と呼ぶ死罪、島流し、追放などの重大な犯罪や「所払《ところばらい》」という居住地への立ち入りを禁止されるなどの大きな罪でないかぎり、土地に対する権利はそのまま認められたのです。その際、さすがにすべての収穫米を独占することは禁じられたものの、生活に必要な「底土」を耕作する権利は依然として郷士の権利であるとされました。

このような特別な待遇は、純粋な百姓から見れば、「いたれり、つくせり」の、まことに優遇されたうらやましい限りの内容でした。郷士に仕官すれば生活に困らぬように配慮されており、これらは間違いなく、旧長宗我部の失業サムライに対する懐柔を目的とする政治政策だったと言えるでしょう。

ここで、人口増加に伴う食糧増産という

まったく違う理由で、全国諸藩が約30年くらい後に一斉に始める江戸時代の一般的な新田開発のやり方と比べてみると、たとえば弘前藩（津軽藩・現在の青森県）が津軽平野でおこなった新田開発では、農民を強制的にむごい労働をさせ、休めば罰金を取り立てます。

また豊富新田開発では労務者が服従しない場合、1日3人までは切り殺してもかまわず、おどしに近い労働を強制し、このため凶暴な死刑囚をあらかじめ人夫の中へひそかに用意までして、なにかと利用し協力させています。

また盛岡藩（現在の岩手県中部から青森県の東部地域）の奥寺新田開発では、新田開発の労働力に公然と囚人《しゅうじん》を使い、藩士奥寺八左衛門には人夫の生殺与奪《せいさつよだつ》の権限が与えられ、耐えがたい過酷な労働を強制させています。

このように、江戸時代における封建制度の一般的な現実をみれば、土佐藩の郷士による新田開発はまったく特異なものと言えます。

「郷士大募集」に参加した旧長宗我部の失業サムライたちに、新田開発で必要な資金まで藩庫の借銀（現金）で融資するなど土佐藩はていねいに援助までしているのです。ここで、いかに土佐藩が旧長宗我部の失業サムライたちの存在を恐れ、どのように扱うべきか追いつめられた政治危機を意識した苦渋《くじゅう》に満ちた深い陰を読み取ることができると思います。

一方、旧長宗我部家の遺臣たちにとっては、どのように好条件の待遇であったとしても、主君をうばい、知行地（土地）をうばわれ、城まで追われた憎むべきかつての敵である山内一豊、その山内土佐藩への「再仕官」という悩ましい問題をつきつけられ、これをきっかけに、失業浪人に身を落とした長宗我部一族の一人ひとりが、実のところ、孤独な「個人の内面」、そもそも「人間が生きてゆくとは何か」という本質的な問いかけに向き合うことになったと言えます。

5　自由の目覚めと「個人」の誕生

「関ケ原の戦い」以後、不幸にも失業に追い込まれた長宗我部一族のサムライたちは、妻や子供、下女や一族郎党をふくめ生活を生き抜く冷たい現実の必然性から山内土佐藩に仕官して生きるべきか、あるいは長宗我部の家臣として忠義に死すべきか、それぞれが心の中で自我の崩壊にちかい「精神的な危機の本質」と正面から向かい合い、苦悩の遍歴《へんれき》を経験していくことになります。

その後、どん底から這《は》い上がり、やがて生きてゆくうえで必要な力強い信念が自己確立されてゆき、「庇護《ひご》と隷属《れいぞく》」あるいは「主君と忠臣」という古い武士道精神が支配する封建的な呪縛《じゅばく》から解放された、いわばそれまでにないまったく新しい「自由への旅立ち」という、生きるための必然が触発する知性的あるいは合理的な生き方へとかわっていったと言えます。

しがらみに捉《とら》われず、向けられる評価や制裁を気にせず、自由な精神世界を確立してゆくまったく「新しい個人」として歩き始めるのです。

郷士職に仕官した旧長宗我部サムライの郷士たちに向けられる山内土佐藩の新たな差別や偏見《へんけん》、相変わらずの古い封建制の体質が生み出す矛盾《むじゅん》や抑圧、これらはすでに、自由で合理的な生き方に目覚めてしまった旧長宗我部のサムライ郷士にとって、権力のあり方、そもそも封建制度という覇権《はけん》による秩序の支配に対する根底からの批判を奥深く内面の底に増幅させてゆくことになったと考えられます。

自由な生き方を手に入れた「新しい顔をもつ個人」となった郷士層に立ちふさがる山内土佐藩の露骨な差別やいやみな格差、これらに向かい合うことは結局のところ、封建制の権力そのものに正面から対峙《たいじ》することを意味しました。

このような経過をたどりながら、したたかに打算する冷《さ》めた視線を持つ経済郷士たちが力をつけ台頭しはじめ、制度やしくみがぶ厚《あつ》い政治より、経済の方面に特化して彼らの意欲的な活躍を加速させていったと思われます。

つまり郷士たちは、絶望の苦しみから這《は》い上がり、生きる必然から学びとった「したたかな知性」を活かし、巧妙な打算と技巧的な知恵を使って経済分野に進出することで矛盾を乗り越える以外に方法はなかったのです。

そのため郷士たちが手をゆるめなかった権力に対する反骨のエネルギーは、経済的な富に集中することに活路を見いだし、この分野で蓄積される財産の相続とともにその精神性は引き継がれていったと言えます。

実際に郷士たちの家系は、富がある程度蓄積される三代目あたりで新たに郷士株と土地をほとんど手に入れています。親から子へ、子から孫へと「郷士のルーツの何たるか」を家系の教訓とともに絶えることなく子孫の骨格に刻《きざ》み続けられたと言えます。

郷士株の売買が活発化する宝暦年間以降には、水面下における権力の二極構造の進行とともに、大衆に引き継がれてゆく「反骨の精神性」という土佐のながれは一段と顕著になってゆくのでした。

この土着精神のひとつの流れは、江戸時代を通じてほぼ固定化してゆき、その後それぞれの時代的な変化の影響を受けながらも、明治期、大正期、昭和期へと、露骨な反骨性はしだいに薄れてゆくものの、名もなき民衆たちの内面の底に眠る納得できない抑圧や威圧への反骨精神の本質は、やはり習慣の支配とともに幾世代にもわたって日常に引き継がれていったと言えるでしょう。

6 引きつがれた土佐精神

土佐人の精神性にかかわる決して大げさでも、また誇張でもない反骨の風土が伝統的に引きつがれてゆくその後の流れは、たとえば昭和11年に高知県本山町教育委員会によって編集された教科書『本山読本』の中の「土佐精神」※9の一節に具体的な形をはっきり見出すことができるでしょう。

この尋常《じんじょう》高等小学校の授業で使用された教科書の中では、社会哲学のない一過性の暴挙《ぼうきょ》を意味する「一揆《いっき》」という言葉を意識的に避《さ》けています。

高知県郷土史で表記されている「本山一揆」というあくまで為政者側の視線で語る表現ではなく、過去の出来事をできるだけありのままを伝える、あえて「滝山騒動《たきやまそうどう》」と呼んでいます。

そして、さすがに子供たちに武力闘争を教唆《きょうさ》するような露骨《ろこつ》な礼賛《らいさん》は教育上避けていますが、その文脈や行間から伝わるひそかな賛美《さんび》は容易に読み取ることができます。

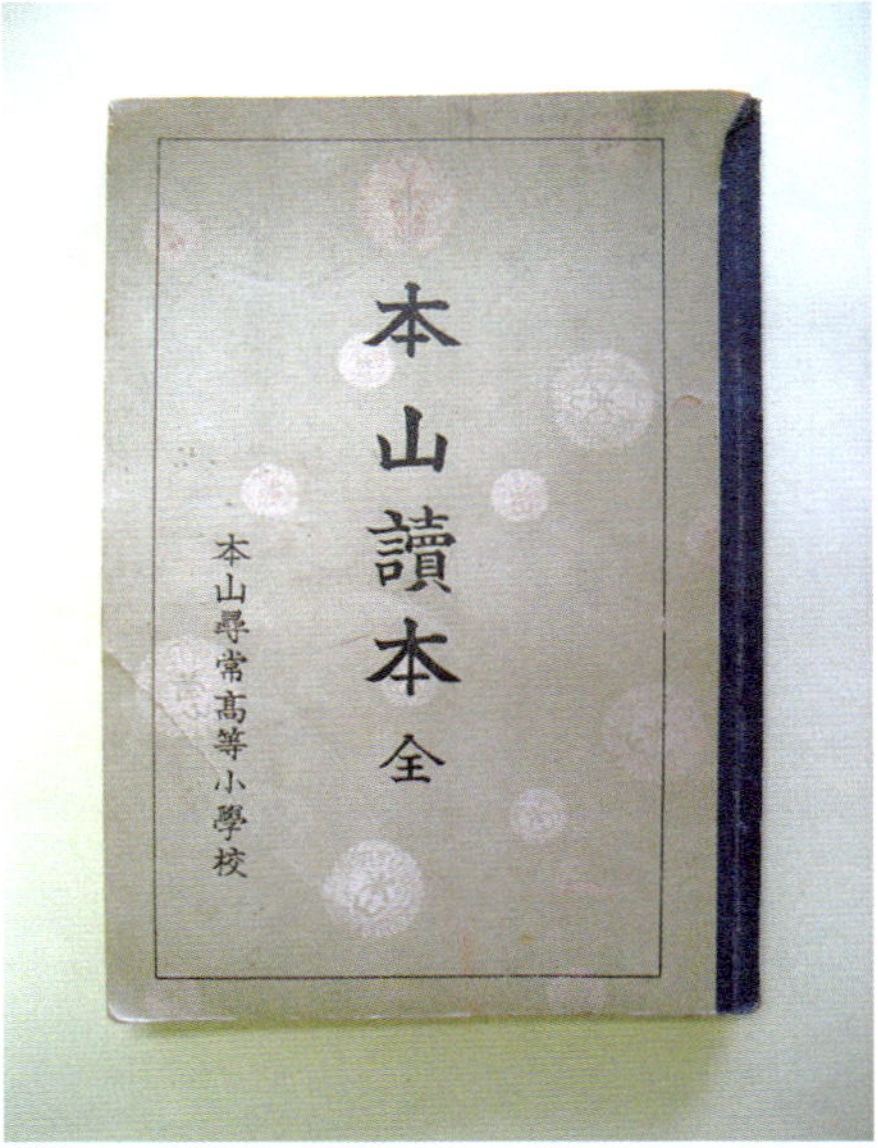

『本山読本』
昭和の時代に尋常高等小学校で実際に使用された教科書。
高知県本山町教育委員会編

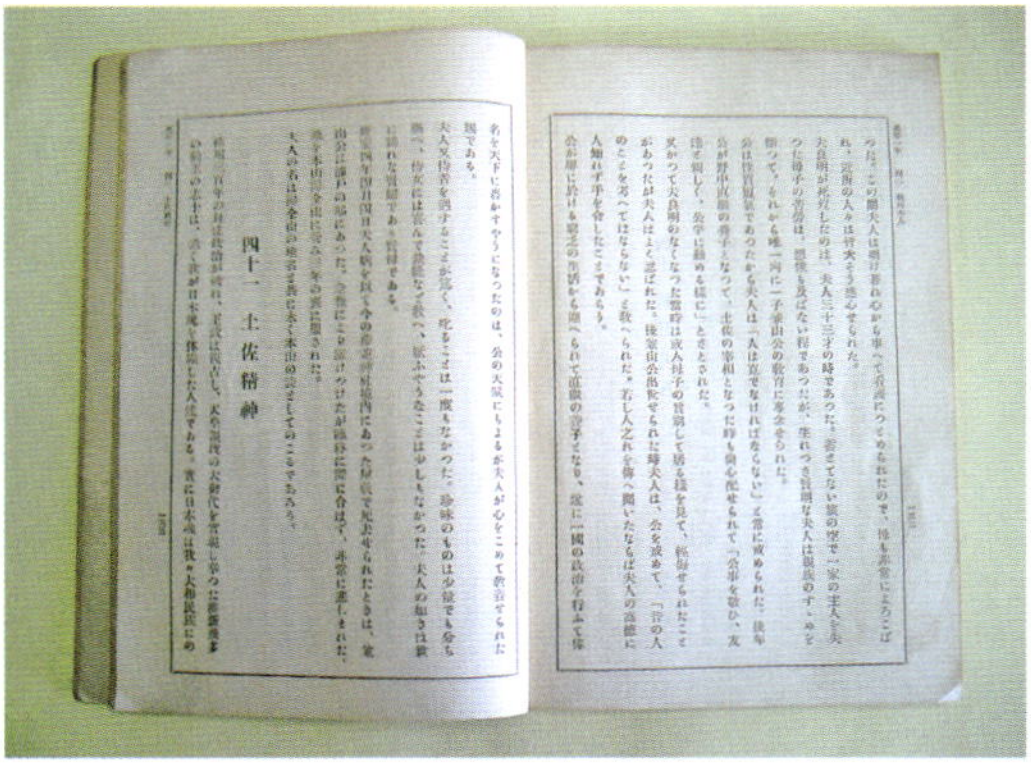

『本山読本』の本文
教科書『本山読本』の本文中で「土佐精神」を強調している。土佐の文化的な精神風土の輪郭、その一面をうかがい知ることができる。現在の平成27年でも尋常高等小学校教育をうけた人々がごくわずか生存している。

近世・江戸時代からおよそ300年の時が流れ、昭和の時代に移った尋常高等小学校の教科書には、長宗我部元親と坂本龍馬の名前が頻繁《ひんぱん》に登場しますが、山内一豊はほとんど登場しません。

教科書の中では強い立場の者に正面から戦いを挑《いど》み、権力にくっすることなく立ち向かってゆく高尚《こうしょう》な精神を「土佐精神」という題目で子供たちに伝え、そのような毅然《きぜん》とした主体的な精神を持つ気骨《きこつ》ある土着土佐人のことを「郷土民《きょうどみん》」という言葉で表現し、ほめ讃《たた》えているのです。

納得できない権威や権力に対して、決して服従しない土佐人の反骨精神、負けるものかと歯をくいしばり、がんばる姿、それを子供たちに「土佐精神」として未来に引き継ごうとする土佐の反骨風土にかかわるひとこまを、この教育現場の足跡の中にはっきり垣間《かいま》見ることができます。

このようにして、反骨精神は土佐の土着風土として引き継がれていくことになるのですが、その反骨の色を決定的に色濃く縁《ふち》どることになったのは、やはりそれまで世間に君臨していた旧長宗我部の失業サムライたちが下層庶民の世界観を経験することで、今までと違った「ものの見方、考え方」をもつ新しい存在の郷士となり、そこで理解した新しい価値観、つまり人間の「生の必然」から獲得した筋金入りの知性(インテリジェンス)として苦悩のあげく悟りの境地で体得した「権威ごときもの」に左右されない、時には権力と対立する「自由な生き方に対する態度」を手に入れたことが深くかかわっていたと言えます。

三、土佐の「永小作権」は永久に所有できる権利だった

1　農地の正確な「石盛り」データがなかった土佐

近世時代(江戸時代)、全国諸藩は年貢の徴収にはほとんど「石盛《こくも》り」(農地の生産高台帳)を使っています。しかし、なぜか土佐には正確な「石盛り」が昔から確認されていません。

土地の面積、田畑の種別など、歴代の守護代や地頭たちの忘備的な資料として生産高を貫目《かんめ》で表示した、いわば部分的な記録は「長宗我部地検帳」に確認できますが、土佐の全耕作地について生産石高を記す「石盛り」の存在は確認されていません。「石盛り」にもっとも近いものとして「元禄支払帳」が存在しますが、やはり断片にすぎず、土佐全域にわたる体系的な「石盛り」データではありません。

統治者にとって重要な年貢収入にかかわる資料がなぜ存在しないのでしょうか。その大きな理由の一つとして、おそらく土佐の気候風土の不安定な特性があったと考えられます。

土佐の気候の特徴は、荒々しく、激しい側面をもっています。たとえば『古事記神代記』によると、太古の昔から伊予国(愛媛県)は愛比売(エヒメ)と呼ばれ、その意味はかわいい女性の意味、土佐国は健依別(タケヨリワケ)と呼ばれ、「健《たけ》」という字は(たけだけしい)、「依《より》」という字は(よろしい)、そして「別《わけ》」という字は男性を意味し、瀬戸内沿岸部のおだやかなイメージとは違って太平洋の荒波に直面する狂暴《きょうぼう》なイメージであることが、大昔からの名前の起源からもうかがえます。

太平洋からおそって来る強烈な台風は標高1、000~1、800mの急峻《きゅうしゅん》な四国山脈につきあたり、その南斜面である土佐の上空で多くのエネルギーを発散してしまい、消耗《しょうもう》した台風が瀬戸内に達する頃には勢力は弱まり、最初に土佐へ上陸したときの猛威や破壊力とは比較にならないほど落ちてゆきます。

土佐では台風に襲われると、期待された収穫はほぼ全滅になります、しかし瀬戸内地方では努力の成果がわずかでも残る確率は常に高いのです。

もともと土佐は降雨量や日照時間、また日射時間もほぼ日本一です。本来は稲作など水耕栽培に適しているのですが、全国諸藩と違って台風や気候の異変による収穫高の浮き沈みが極端に激しく、結果的に安定した収穫高が読めず、このため「石盛り」の作成は、むしろ意味がなかったのではないかと考えられます。この意味で、土佐は長いあいだ、いつも災害のリスクに向い合って生きてきたのです。

もともと農地のあり方は一様《いちよう》ではありません。現在の高知県大豊町寺石地域では地質上保水ができず米の栽培が不可能だったり、また池川町のおよそ800年間続く椿山部落では、昔から水田耕作はまったく行われず焼畑農業だけという具合に、土質の優劣や日照時間の違いによって生産高は複雑です。

このため、豊臣秀吉や徳川家康などの天下人に対して、薩摩や長州など、全国ほとんどの有力大名は生産石高の虚偽《きょぎ》申告をさかんに行っています。

徳川幕府とはいえ、実際はゆるやかな連合政権でもあり、大名をいたずらに刺激して紛争を招くことを避け、地方の内政に深く干渉しない、いわば地方分権が基本でした。そこで正確な生産石高の数字を調べようと努力しても、計画的に隠されると真実は分からなかったのが実情だったのです。

土佐の郷士たちも静岡出身の土佐藩に対して、新田開発の農地の評価をあらかじめ実体以下に書き出す虚偽の申告は当然のように行っていたと思われます。

このような背景から、土佐に「石盛り」の存在が確認されていないことから、「土佐24万石」あるいは「土佐18万石」でさえも実際はよく分からないということができます。

2　新田開発の実権を郷士たちに手放した土佐藩

平和な江戸時代になると、やがて人口が増え続け、そのため全国の諸藩はさかんに新田開発※10を始めます。当時、幕府や諸藩の新田開発という生活空間の広げ方は、それぞれ村請《むらうけ》新田、藩営《はんえい》新田、藩士知行地《はんしちぎょうち》新田、また土豪《どごう》(地域の有力者)の見立《みたて》新田、そして町人請負《ちょうにんうけおい》新田など、さまざまな形がありました。しかし、誰が開発の主人公かによって呼び方が違っているだけで、いずれも全国諸藩の封建領主というあくまで強い覇権力《はけんりょく》の統制管理の行き届いた範囲で実施されています。

そもそも新田開発の場合、農地の開発権として藩や幕府に「新田地代」を納入させるのですが、「地方凡例録」などを見ると、当時の地代金はおよそ水田の1反あたり2分くらいが相場だったようで、開発許可の権利として地代金は幕府や諸藩にとって大事な臨時収入でした。

そこで開発希望者を多く募集して競争させ、新田地代金をつり上げることなども平気でやっています。たとえば元禄2年(１６８９)、幕府は大阪湾岸の干拓開発地に12人の豪商を選びます。

このとき、地代金の上納金額合計２、０００両が豪商たちから提示されるのですが、これに満足せず、さらに開発願人《かいはつねがいにん》を募集するなど、いやみな地代金のせり上げを行い、結局12人の豪商たちから3、500両に増額上納させ許可しています。

しかし土佐藩ではこれらとはまったく違い、身分的にも今一つ掴《つか》みどころのない浪人郷士、それもつい最近まで敵対していたこわもての長宗我部一族の遺臣たちに自由な開発特権を与え、藩の財政基盤に影響が出る重要な経済政策を進めてしまったのです。

そもそも米の生産は江戸時代では「経済そのもの」であり、年貢をはじめ、米は現金と同じ役割を果たしていました。山内土佐藩がその重大さに気づいたときはすでに遅く、もはや引き返すこともできず、とうとう明治維新まで新田の開発を一貫して郷士たちのほぼ独占事業として容認してしまったという、全国諸藩で例のない愚策《ぐさく》を犯《おか》したのでした。

山内一豊一族は土佐に入国したそもそも最初に、取り返しのつかない政策的な失敗をやってしまったのです。

強引な言い方をすれば、山内土佐藩の台所は新興勢力の郷士たち、いわば長宗我部元親の亡霊たちによって、気づいた時はすでに遅く、いつの間にかハイジャックされていたと言えます。

地主と小作人の「平和的な相互関係」を重視する安い小作料がきっかけで、郷士が関係する新田周辺へ百姓たちの労働力が流れたため、土佐藩の直轄所有の「本田」では深刻な労働力不足が表面化します。

つまり、権力に都合のよい「財政学」より、権力にささげる犠牲を少なくして大衆を本音で尊重した「福祉経済学」が優位に立ち、権力体制のどてっ腹《ぱら》に強制的な政策変更という規制緩和の風穴を開けてゆくことになりました。

事実その後、封建的な規制強化が固定化していた全国の流れとは正反対に、土佐では新田開発に参加できる条件が大幅に緩和され、近世中期以降、幡多《はた》郷士、窪川《くぼかわ》郷士、仁井田《にいだ》郷士のように、一般庶民が希望すれば、誰でも新田開発に参入できるようになったことで、個人が発揮する自由な創意工夫という、ぞくぞく新しい「宇宙人的郷士」が出現することになりました。

もはや土佐の封建構造の維持は部分的に崩壊しており、全国諸藩に見られない権力構造の二極化現象、いわば形だけの「封建権威」と実質的な「革新勢力」による政治介入という奇妙な現実に陥《おちい》っていたことを示していると言えます。

3 土佐全域に広がった新しい権利「永代小作権」

地主と小作人、お互いの自由を尊重する考え方で契約された土佐における「永代にわたる小作権」は、他の地域に存在した期間が限られる単なる「永小作」とは本質的に違っていました。

土佐の場合は、「永久に耕作できる権利」で、法学上では分割所有権または二重所有権に相当します。土佐の「永代にわたる小作権」は売買はもちろん、担保に入れることも、また下請けに賃貸借することも行われました。

そこで誤解や混乱を避けるため、他の地域の「永小作」と明確に区別し、土佐の「永代にわたる小作権」を所有権の変種として、ここからは明確に土佐の「永代小作権」と呼びたいと思います。

土佐の「永代小作権」は、郷士たちの知恵と工夫の結晶として近世・江戸時代に生まれました。この「新しい権利」、「創造的な新しい価値」の出現は、それまで封建領主に集中していた土地を、多くの零細小作人に安い小作料で再分配することにつながりました。

そして、「永代小作権」が土佐全域に広がることで、自作農が増え、土地資源の高度利用が進み、結果的に下層庶民に固定化した貧困の宿命から抜け出し、裕福になるチャンスを与え、生き生きした「新しい民衆たちの登場」を用意することになったのです。

金銭で郷士株を買取った坂本龍馬の実家「才谷屋」など、その他多くが参入する後期の自由郷士たちは、「永代小作権」や「加地子米収得権」のさかんな私的売買で農地の流通性と交換価値を一段と高めたため、結果的にさらなる自作農の広域的な加速を促《うなが》します。

こうして「社会的な富」が多くの人民に公平なかたちで分配されつづけ、郷士の身分株の私的売買とともに「土地と身分の解放」が同時に進行するという、江戸幕藩体制下において、土佐は未知なる自由な社会に向って進んでゆく、とんでもない事態を招くことになりました。

かつて日本の歴史上、公家から武家へと天下が変わっても、単に社会的な富が移動しただけで、一般大衆である全国の農民層や下層庶民はあいかわらず、いつの時代も貧しい生活でした。

しかし日本の歴史上はじめて、江戸時代の土佐で暮らす下層農民に「富」の移転が訪れたのです。喰うやくわずの貧しい土佐の大衆たちは「永代小作権」で地図上に土地を手に入れたわけです。

土佐における「永代小作権」の普及は、全国で比較にならない膨大な数量になっています。およそ設定書類で公的に確認できるものだけでも、約８０、０００反、つまり約８、０００町歩(1町歩＝10反＝３、０００坪＝０、９９２ha)にも及ぶ広大な面積に設定されています。

これは土佐の全小作地の半分以上にあたり、「永代小作権」の哲学に関係するものは、契約当事者の戸数やさらにその家族もふくめ膨大になります。その数の多さから、ほとんどの土佐人には「永代小作権」が理想とした「ものの見方、考え方」はほぼ浸透していたと言えます。

この背景には、誇り高き武士たちが城を追われ、「忠義に死ぬべきか、自由に生きるか」という、心の葛藤《かっとう》をへて、「主君への忠義」という古い武士道観をすて去り、山内土佐藩での屈辱的ともいえる最下層の郷士職に生まれ変わった旧長宗我部の失業サムライたちが、過酷《かこく》な現実を生き抜く強い信念を余儀《よぎ》なくされた孤独と苦悩の人間ドラマがありました。

「個人」の発見、「自由」とのめぐりあい。落ちぶれた失業サムライを経験することで、郷士たちは百姓と向かい合うとき、強い立場で弱い者を喰《く》いものにする封建的なやり方ではなく、相手の立場や気持ちを尊重して取り扱おうとする「近代的態度」を身につけ始めていたのです。

旧長宗我部の失業サムライと下層農民たちが平和的に協力し、政治的にあるいは経済的に連帯することで、地主も小作人も、そもそも人間には格差など存在せず、それぞれ個人が独立した立派な機能と自立的な社会的役割を果たし、お互い自由で対等に依存し合う平和的な関係、これが理想であるという「永代小作権」の「ものの見方、考え方」が多くの大衆に支持され、誰もがわかる哲学として土佐全域に広く浸透していったと考えられます。

四、富を支配する魔法の言葉、「所有権」の誕生

1　分割所有権としての「永代小作権」

馬上に生涯をゆだね、たて髪をなびかせ草原を駆《か》け抜《ぬ》けるモンゴルの遊牧民、彼らは家畜に所有の興味はもったが、土地を私的に所有することは考えなかった。獲物《えもの》をもとめ原野をめぐり、夕陽でそまる赤い大地を家路につく、アメリカ大陸で暮らす先住民族のインディアンたち、かれらも大地を私的に所有することなど思いもつかなかった。

インディアン部族の中で、もっとも文明度が高かったことで有名なチェロッキー族

が作ったチェロッキー・ネーション憲法にも、畑の柵《さく》などに所有権の意識はめばえていたが、土地に対するひとり占めの個人所有は存在しなかった。

インドのダパニ村、ネパールのラウデ族、またボルネオやフィリピン、さらに北にあがって欧州のフィンランドまで、焼畑農業で暮らす人々のあいだでは、個人による私的な所有権の意識は少ない。

しかし、定着した農耕とやがて土地の生産性がしだいに進むにつれ、それまでぼんやり眺めていただけの原野が「富」を生み出す資源にかわったころから、人間のあいだに土地への強い興味と「富」の所有に対する欲望が生れ始めます。

富を支配する魔法の言葉、「所有権」の誕生です。

「所有権」とはいったい何か。これについてイギリスの政治哲学者・ジョン・ロック（１６３２〜１７０４）は、「所有権」とは、そもそも最初にその土地に鍬《くわ》をいれた者が主張できる権利である、つまり早いもの勝ち、これに対して、ドイツの哲学者イマニュエル・カント（１７２４〜１８０４）はこれを痛烈に批判します。

土地へ労働や資本を入れたことだけで、私的な所有権を永遠に主張された場合、もし興味がなくなり、土地が放棄されたままの状態になったときなど、まわりにおよぼす環境や管理上の悪影響、つまりその「所有権」が与える社会への不都合や矛盾を考えると、「所有権」を正当な権利として永遠に主張するには、まわりやその周辺が「よかろう」と言う合意や同意、社会みんなの総意が必要であると反論します。

このわかったようで、よくわからない「所有権」の問題。たとえば、王様のぜいたくと乞食のみすぼらしい食事、金持ちと貧乏人、埋めがたい大きな格差、いくら努力しても解消できない「富」の格差が生み出す人間の不平等に「所有権」のあり方は深くかかわっているようです。

この「所有権」という個人の欲望が関係する正当な権利を人類はどのような理想にみちびくかが大事になってきます。

世界は今、おおまかに二つに分かれています。共産主義と自由主義。これらの国々のちがいは、「富」の支配につながるひとり占めの私的な「所有権」をどのように考えるかでそれぞれ違ってきます。

ここで江戸時代の土佐の「所有権」のあり方を見てみると、まるで一つの土地に二人の地主、現実には二重所有権のように見える土佐の「永代小作権」は、ひとり占めの「所有権」があたりまえの現在の我々には奇妙なものに見えますが、しかし当時の土佐人には「分割所有権」のような考え方は、むしろあたりまえの常識で、なんら抵抗がなかったものと思われます。

そもそも「法」のあり方は、その地域で暮らす人々の精神性を分かりやすく表現し、文化性や宗教性、その国民性の特徴をみごとに反映すると言われます。

およそ世界の法秩序を宗教的、あるいは文化的な側面からおおざっぱに分けると、キリスト教的文化圏、東アジアの儒教、仏教の文化圏、そしてヒンズー教的文化圏やイスラム教的文化圏など、大きく分けることができます。

我々日本人は、西洋キリスト教的世界観に対して、中国とともに儒教、仏教的世界観の影響を受けた東洋文化圏に属するといわれています。これら世界の国々が考える、「法のあり方」はみんなそれぞれ微妙に違っています。

「法のあり方」に向かい合う日本人の態度ついてその歴史をさかのぼると、古きエリートであった高僧たちの遣隋使、遣唐使によってほとんど中国をまねした班田収受《はんでんしゅうじゅ》の法や律令《りつりょう》法がもたらされます。

日本の法治的な国家体制が歴史上はじめて定まる「大化の改新」の土地制度は、個人が独占して支配する「私的な所有権は認めない」、いわゆる「公地公民制《こうちこうみんせい》」を基本原則にスタートしました。

日本人はしばしば農耕民族と呼ばれることがありますが、そこで気候風土から受ける環境の制約や地形的な影響から日本人の「ものの見方、考え方」をさぐってみると、狩猟民族とか放牧民族と呼ばれるヨーロッパ西洋地域では、日本と比べはるかに雨量が少なく、どの国もなだらかに続く見渡せる平地面積が国土のおよそ7割～8割を占め、一人の個人でも広い土地の管理や支配が意外と簡単にできました。

ところが熱帯ジャングルをのぞく近代国家の中では、日本は世界で一番に降雨量が多く、傾斜のきつい山地にかこまれた複雑な地形になっています。平地面積はわずか国土の約3割くらい、そのうえ草や木々の成長が早く、土地の管理にもおおぜいの人間の協力が必要となります。そもそも広大な範囲の土地を一人で支配することはもともと限界があったと言えます。

このあたりにも、個人によるひとり占めの支配ができた西洋と比べ、日本では土地にたいする「所有権」の考えが違ってきても不思議はないと思います。

日本の隣国・同じ東洋の中華人民共和国の土地制度に目を転じれば、中国には古い時代から伝統的に「東換不換佃……（地主が変わっても小作は変わらない）」という原則があります。これは中国で伝統的に尊重されてきた「一田二主制」の考え方で「分割所有権」や「二重所有権」の考え方に少しつながってゆきます。今も中華人民共和国契約法にその精神性は生きています。

古くより、中国の農村では土地を「田面権」と「田底権」の二つに分けて、それぞれ尊重してきた歴史があります。中国での「田面権」は江戸時代の土佐で普及した「永代小作権」に近く、土佐ではこれを「うわつちもち」などと呼びました。「うわつちもち」とは実際に土地を耕作する人々のことで、実質的に土地を支配する強い権利を持ちました。一方、中国での「田底権」は、土佐で「そこじもち」と呼ばれたものに近く、名義上の地主にあたり、あくまで形だけの所有者に相当します。

そもそも、日本人の精神的な内面にながれる「所有権」に対する考え方は、とても淡白《たんぱく》だったのかもしれません。たとえば、明治維新の成立で徳川幕府が大政奉還《たいせいほうかん》をするとき、将軍・徳川慶喜はその見返りに土地の補償や対価を求める態度は公式には表明していません。すべて無償で返上しました。全国の大名も同じようにすべて明治新政府に土地を返上しています。

この点、西洋ヨーロッパを見てみると、たとえばイギリスの各諸侯たちはイギリス連邦が成立する時、当然の権利として土地に対する補償を新政府に対して正式に要求しています。

中国にも存在した「所有権」を柔軟に考えようとする「一田二主制」の「田面権」、「田底権」で分かるように、実のところ、土佐で広く普及した「永代小作権」は、決して奇想天外な発想ではなかったのです。

しかし、ここでもっとも注目すべき点は、江戸時代に普及した土佐の「永代小作権」は、地主と小作人が社会的な「富」を等しく分け合おうとする心情を約束事として、これを次世代に永遠に引継ぎ、人間に格差をつけない「富の分割」という思想を「永代小作権」の中にとじ込め、生きるうえで最低限の「人間の福祉」に関する絶対性という性格を前面におし出し、誰もおかすことのできない、誰にも免責《めんせき》や特権を与えない神聖な「分割所有権」として売買したのでした。

ここに、誰も考えつかなかった「所有権」に新しい意味と価値を創造した画期的な「永代小作権」の日本近世での登場は、世界史的レベルで驚くべき内容を暗示していると言えます。

この土佐の「永代小作権」が我々に語ろうとする「分割所有権」としての新しい意味は、兄弟や親戚などの親しい人間関係にかぎる、せまい領域内だけで「富」を分け合う現在の持分登記や共有登記の概念をはるかに越え、いつでも、どこでも、そして誰でもが、その共有者の反対による土地活用の障害という心配がまったくない、つまり交換価値として値段が安くなることなく、「永代にわたり小作できる権利」という「富の分割権」、いわば「幸福への片道切符」、あとは個人の自助努力という、人類の未来への理想として、交換価値と使用価値が調和した「普遍的な価値」を大衆のあいだで広く取引し、これを永遠に引き継ごうとしたのです。

新田開発への投資や金融ビジネスへ参入することで、近世の土佐で台頭する郷士たちが世に送り出したこの「分割所有権」は、個人に集中する絶対的な権力支配や富の独占、これらにことごとく反骨し、もともと土地資源は「公地」であり、国民みんなの土地であるという日本の法秩序の国家的スタート、律令国家としての「大化の改新」で宣言された基本原理に回帰するような思想運動、その意味では一種の文芸復古、いわば古き17条憲法の「和をもって尊《たっと》しとする」、日本人の底流にねむる思想的骨格に迫《せま》るルネッサンス運動の動きと言えるでしょう。

2 イタリアのルネッサンスとの共通点

「分割所有権」や「二重所有権」という新しい考え方で新田開発をビジネス感覚で展開してゆく土佐の郷士たちの精神性は、紀元1世紀ごろ、ローマ市郊外のノーメントゥムに60ユーゲラ以下の安いぶどう園を手に入れ、これをじょうずに40万セステルティの高い値段で売却した例に近く、ヨーロッパの大土地所有制であるローマのラティフンディウムの経済合理主義の精神性に通じる部分があると思います。

紀元1世紀に出されたプリーニウスの『博物誌』第14巻にも同じように、ローマ市郊外で60万セステルティの値段で荒廃したぶどう園を買入れ、その後改良して4倍の価格で売却する話が出てきます。

当時のローマの代表的といわれる農業書などでは、「うまく買い入れ、うまく売る」つまり、貨幣の運動性に注目して、いかに多くの貨幣収入を稼《かせ》ぐかが一番大事であると断言しています。（1セステルティウスは現約42ドル・『土地所有と現代』篠塚昭次）

「田畑売買禁止令」下にあった日本の江戸時代には、全国の百性たちは「神農《しんのう》の教え」として純朴《じゅんぼく》な勤労成果を善良なる農民の大事な指針として収穫にはげみ、汗を流していました。しかし土佐の郷士地主たちは、もともと高尚《こうしょう》に忍耐して汗を流す百姓ではなく、いわば現代人に近い側面を持ち、むしろ農業経営の社長的感覚で資本主義的な功利主義を実学的に展開していったと言えます。

やがて郷士株の売買に参入することで、たとえ貧しい農家の家系に生まれたとしてもその宿命から解放され、誰もが知恵と工夫で努力すれば金持ちになれる——まるで夢のような新しい自由の風が村々の周辺や身近な庶民の日常にまで心地良く吹き始めたのでした。

世界史を見れば、固定化した土地の収入に頼ったイタリア封建貴族の没落後、合理主義にめざめた新興勢力として商工業者が活躍する時代がありました。蓄財《ちくざい》を下品で軽蔑される行為と考えず、自分に向けられる評価を気にせず新しい功利主義者として活発に自由取引を展開する活力みなぎる世相の中から、ルネッサンスは生まれたのです。

全世界を新しい時代へみちびくことになったイタリア・ルネッサンス当時の政治状況は、政府権力に全土を統一する力がなく、隣国ドイツやフランス王がイタリアの支配をめぐって争乱し、都市やローマ教会も独自に外国勢力と利権を深めるなど、政府の権威はことごとく失墜《しっつい》し、混沌《こんとん》とした小さな弱腰《よわごし》政府の状態でした。

まさしく、静岡から土佐国に約1、000人の兵力で新領主として入国したものの、およそ10倍の長宗我部のサムライ勢力に取り囲まれた冷たい現実の前で、なすすべがなかった山内土佐藩と少し似《に》ています。

長宗我部元親の亡霊たち、かれらの勇敢な一斉蜂起をこころの底では絶えず警戒し、郷士たちの露骨な「サムライ性」と正面から実際に向かい合うと、いつも弱腰に見えて

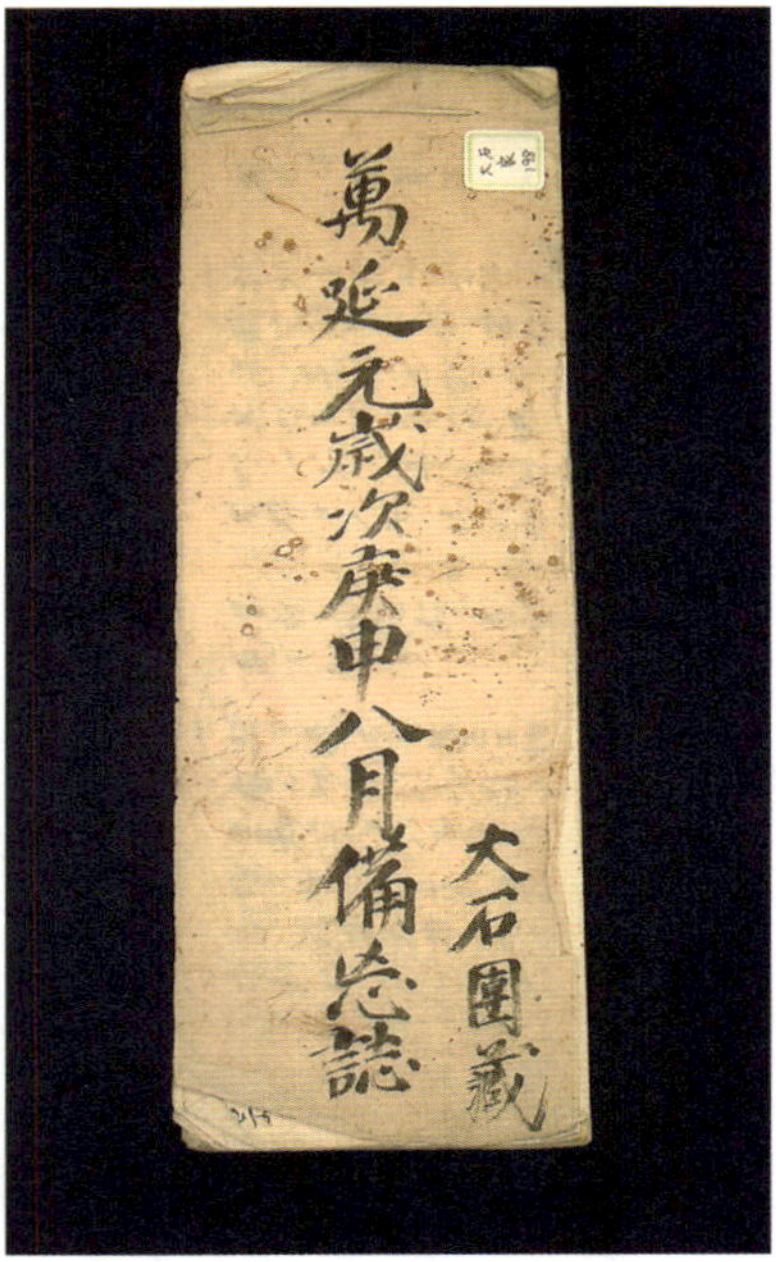

『郷士・大石団蔵備忘録』
大石団蔵は土佐勤皇党に所属、文久2年（1862年）に土佐藩の参政職であった吉田東洋を暗殺する。

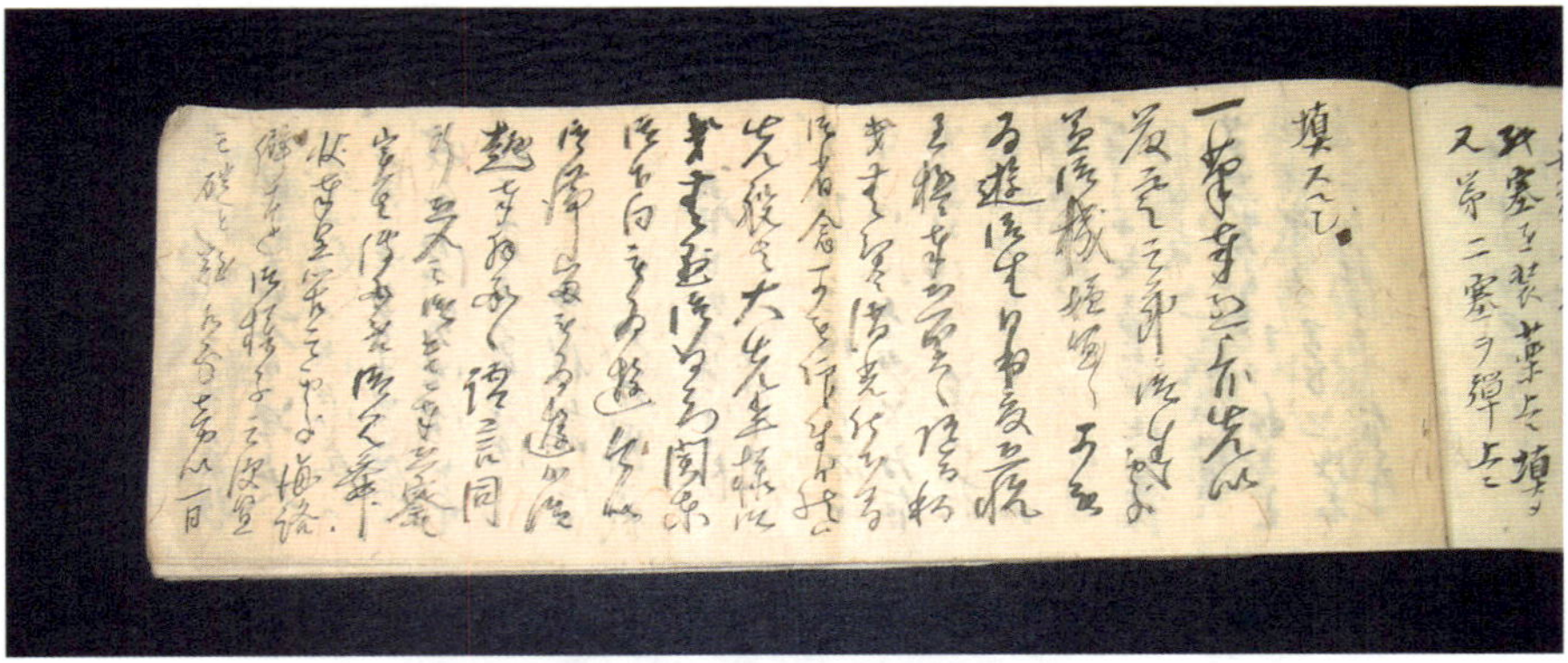

郷士・大石団蔵備忘録の本文
家族や周辺の出来事など記憶すべき必要なことを覚書としてきちょうめんに書き残している。

しまう「小さな政府」といえる状況があったのです。

かすかによぎる治安に落とす暗い陰、このことを暗示するものとして、地方史研究家の小関豊吉の研究論文の中に次のような一文があります。

土佐藩政の初期から、毎年正月11日に開催される「騎乗閲兵式」がありました。これは藩主の面前で行われる恒例式典で、群集が多く拝観する栄誉ある一大盛儀《せいぎ》だったのですが、たとえば寛文２年（１６６２）の式典参賀の参加騎士目録である「御騎初目録《おのりぞめもくろく》」によると、式典への全出席騎士数は、土佐藩士296騎士、郷士の騎士数613騎士になっています。このことを小関氏は次のように述べています。「……実に全騎馬武者の６割７分は郷侍を以て占めていたのである。これは家中の士にとりては薄気味の悪いことで在ったろう……」（小関豊吉「土佐藩の郷士について」（土佐史談第48号　１９３４年）

五、「永代小作権」の自由・対等が民衆の中にとけ込んでいった

1　土佐藩の権威をなかば無視する郷士たち

「永代小作権」や「加地子米収得権」の売買、さらに郷士株の私的取引など、これら活

発な経済活動の展開により、それまで「土地と身分が固定」されていた山内土佐藩の封建秩序にほころびが見えはじめてきます。新たに台頭《たいとう》してくる郷士たちに統治者として睨《にら》みがきかず、山内土佐藩の権威は失墜の一途をたどる中、まるであざ笑うかのように、封建権威に対峙《たいじ》した「自由、対等」という思想原理がますます庶民層の内面に根をおろしてゆきます。

　このあたりの事情を、土佐勤皇党の実質的な領袖的存在で知られる大石弥太郎の家系に残る古文書に見てみます。

土佐藩参政職・吉田東洋を暗殺する後《のち》の大石団蔵が出るなど、大石家は土佐勤皇党という近代への政治的さきがけの「革新存在」でした。大石家は、土佐勤皇党の立ち上げ当初から多くの郷士層と深いかかわり合いをもち続けていました。

　そもそも大石弥市郎が宝暦13年（１７６３）、「幡多《はた》郷士召出」という、商人や町人にも広く開放された「幡多郷士募集」に応募し、新田開発を始めます。

　明和３年（１７６６）８月12日付の「領地差出」で正式に郷士職に認められ、34筆（34ヶ区画）の新田登録が完了しますが、幡多（現在の高知県宿毛市・土佐清水市・四万十市）に移住することはなく赤岡町（現在の高知県香南市赤岡町）に住み続けます。

「近年幡多郡別段々人減ニ相成、猪鹿徘徊いたし候而、作荒之田地夥敷出来、逐年衰候様ニ相見え候」とすでに一般公告されていたように、「幡多郷士募集」の目的は人口減少、過疎荒廃《かそこうはい》を防ぐ移住政策にあったため、山内土佐藩は大石家に何回も移住を要求します。しかし、大石家は明和８年（１７７１）に「但右場所江代人相備、爾来住所之赤岡村ニ旅宿相立申候」などと差出（返事文）を出し、いろいろ理由をつけて幡多（現在の幡多郡）に移る気配を見せないどころか、ほとんど無視します。

一向に従わないので、今度はとうとう山内土佐藩のほうがあきらめ、文化8年（1811）3月16日付で「中郡より差出申新規郷士之者共、幡多領地差上御免売地買請候様被仰聞候得共、私小身者ニ而得かい不申候」と伝えてきます。

つまり、幡多地区で開発した新田を山内土佐藩に返上し、その代わりに山内土佐藩の直轄地である農地との交換を提案してきたのです。しかし、郷士・大石家はこれもまったく無視します。

あくまで「めんつ」を保ちたい土佐藩は「幡多郡を本ン宅と唱申様」と、せめて本宅だけでも建てるよう通告してくるのですが、大石弥市郎は「本宅唱之義居懸リ野市村ニ被為仰付」

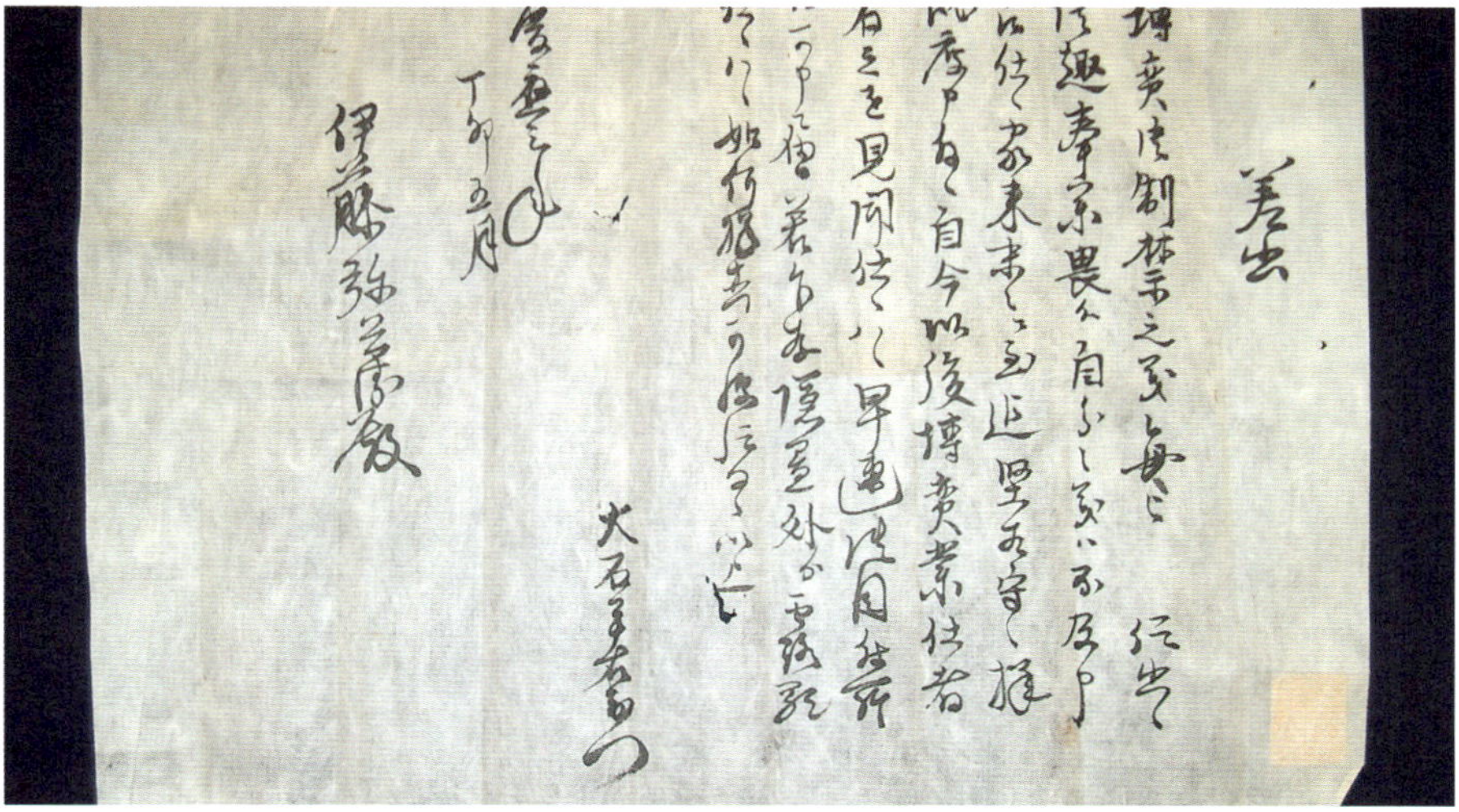

差出書

公的機関（土佐藩役所）との手紙などによる交信の慣習的な形式のひとつ。

と言って、相変わらず無視しています。※11

郷士・大石家はその後も移住せず、それどころか土佐郡森郷小南川村（現在の土佐町森）や長岡郡角茂谷（現在の大豊町角茂谷）など、遠隔地の新田開発事業にあいかわらず不在地主として手を出し続けました。

この経過から、土佐藩と郷士との変化する力関係を暗黙に読み取ることができますが、注目すべきは、すでに失墜している権威を表面的にでも保つため、妥協案として幡多で新しく開発した「新田」と土佐藩直轄の蔵入り地である「本田」との交換を提案してきたことです。

郷士たちは開発した新田にはほとんど「永代小作権」を設定し、丸投げをしたので、開発参加者の中には交換に合意した郷士もいたはずです。つまり開発された「新田」だけに限らず、交換された土佐藩直轄の「本田」にも「永代小作権」の自由、対等の思想的な流れが普及してゆくことになってしまったのです。

こうして封建制の崩壊につながる「永代小作権」の「ものの見方、考え方」は土佐藩の直轄地までまき込み、ほぼ土佐全土で暮らす一般大衆にさらに広く普及してゆくことになりました。

2　失墜する土佐藩の権威――藩士・井上左馬之進の郷士殺害事件

山内土佐藩では、武士の身分を上士と下士に分け、それぞれ「士格《しかく》」、「軽格《けいかく》」と呼びました。下士にあたる「軽格」は軽輩《けいはい》とも呼ばれ、いつも軽蔑《けいべつ》の念を含み差別的な扱いを受けたようです。

このような抑圧感に耐えかね、日頃から下士である郷士たちはささいなことで土佐藩士の上士である「士格」たちと衝突しました。

寛政9年（1797）2月6日に起きた井上左馬之進の事件では、井上左馬之進（土佐藩士・上士）の家で、高村退吾（郷士・下士）が井上の持っている刀を愚弄《ぐろう》します。カッとなった井上は、怒ってその場で高村を斬り殺してしまいます。

仲間の前で自分より身分の低い郷士に侮辱《ぶじょく》された藩士・井上にとっては、「めんつ」を大事にする武士に与えられた特権として当然のことだったのですが、これが大騒ぎとなり、土佐藩がこの事件について取り調べにあたります。

まず、土佐藩士・井上（上士・馬廻役《うままわりやく》）の刀に悪口雑言《あっこうぞうごん》を浴びせた郷士・高村（下士）の行動は無礼《ぶれい》であり、殺害におよんだ井上の行為はいわゆる「無礼討ち《ぶれいう》」であると判決され、殺されてしまったうえに高村は「下士格」の世襲家格も断絶され、さらに郷士身分まで奪われます。一方、殺害に及んだ井上左馬之進は軽い謹慎《きんしん》の処分だけで終わります。

ところが、この判決に不満をとなえ、おこった郷士たちが集まり、井上の軽い処分に比べ高村の処分は厳しすぎる、不公平だと抗議をして、山内土佐藩に処分の変更を求めました。

そこで山内土佐藩は審理をやり直すことになり、抗議にくっして次のように処分を変更します。郷士・高村を殺害した井上左馬之進は知行220石から20石に減俸《げんぽう》し、身分も「馬廻役」から「扈従格《こしょうかく》」の職に格下げするという降格処分を行いました。

しかし、郷士たちはこれでもまだ藩士・井上左馬之進に対する処分は甘い、郷士・高村家のお家断絶と比べ片手落ちだ、郷士を愚弄《ぐろう》する気か、と意気ごみ騒ぎます。日ごろの鬱憤《うっぷん》もあり、さらに多くの郷士たちが結集し始めるなど不穏《ふおん》な挙動を起こし、山内土佐藩に対しておどしをかけるのでした。

山内土佐藩はさらに検討せざるを得ず、再び処分をやり直します。そして、郷士・高村を殺害した藩士・井上左馬之進から武士格を完全に奪い取り、犯罪者として仁淀川から西へ追放処分することにし、郷士たちの要求に完全に屈服してしまいます。[※12]

階級格差は武士社会を支える封建制度の重要な基本原則、そのための身分制度であり社会秩序の根幹で、武士の威厳の象徴である日本刀への無礼《ぶれい》行為に対しては、斬り捨ててかまわない特権がありました。本来、山内土佐藩の処分はまったく間違っておらず、無礼者を切り捨てる勇気がなければ、逆に藩士・井上左馬之進は仲間から非難され制裁を受けかねないのです。

この事件の経過をよく見ると、郷士たちと土佐藩士とのあいだに横たわる不信の念は決定的なまで深刻化しており、上士である藩士と下士の郷士とのあいだの憎悪《ぞうお》に近い深い対立を読み取ることができます。

社会の水面下で隠然《いんぜん》たる力をつけた郷士たちに、まるで翻弄《ほんろう》される山内土佐藩の姿は、もはや権威は失墜し、封建権威は実質的にほとんど崩壊の一途をたどっていたと言えます。

3　庶民生活が豊かになるほど強まる制限と反発

上士である土佐藩士と下士としての郷士たち、近世期の土佐において身分格差が生む耐えがたい差別、はっきり区別され「いやみ」に扱われる郷士たちの内面には、つねに土佐藩に対する怒りに近い徹底した不信の念がくすぶり続けていたと言えます。

この身分格差が生みだす欲求不満や反発は、郷士だけにとどまらず、経済活動に活路を見出し、活発な動きをみせる人々や新時代の訪れに目覚めた民衆たちのあいだでも、社会の水面下ではしだいにふくれ上がっていたと思われます。

寛文2年（1662）に山内土佐藩は、「国中掟」というお触書《ふれがき》を出すのですが、ここでは百姓たちと漁師が直接会って自由に物々交換するのを禁じています。さらに翌年の寛文3年（1663）、庄屋の妻女には高価な絹などの着用は許されたのですが、百姓や一般庶民に対してぜいたくは固く禁止され、土佐の庶民たちの衣類はすべて木綿《もめん》の生地《きじ》と決められました。

また元禄5年（1692）、土佐藩が出した2月令では、家を新築する場合、一般庶民は部屋に畳を敷くことは禁じられ、座敷などの内部についても細かく制限を受けました。さらに元禄11年（1698）には、襖《ふすま》や障子《しょうじ》の建具の部材、また門や塀《へい》などの作り方にも細かい制約を加え、とうとうヒノキやケヤキの良質材の使用まで厳しく禁じ、値段の安い松材を使うように建物の材質まで口をはさむのでした。

これに反発して無視する者が出ると、元禄15年（1702）には、取り締りのため道路沿いの建築はすべて役人に前もって届け出を義務づけるお触書きを出すのでした。

享保4年(1719)に出されたお触書きでは、庶民には冬の寒い時でも足袋《たび》や雪駄《せった》の使用を禁じ、宝暦8年(1758)にいたっては木草履《きぞうり》の使用まで厳しく禁じます。そして明和9年(1772)には、庶民の結婚祝いの調度品や結納金《ゆいのうきん》の金額まで細かい制限を出しています。※13

真面目に一生懸命働き、やっと手にいれた庶民のささやかな自由までことごとく奪ってしまうこのようなお触書の発布《はっぷ》、終わりなく続くいやみな身分格差や息苦しいほどの束縛《そくばく》、これらはひたすら庶民の反感を招き、怒《いか》りを増幅させるだけでした。

一方、これらのお触書から、すでにこの頃、貨幣経済の発達とともに、天下の台所であった堺との海運による経済流通も盛んになり、庶民の生活にゆとりができ、暮らしぶりが豊かになっていく様子をありありと読み取ることができます。

「おくびょうな犬ほどよく吠える」これは弱い犬ほど自分を防衛しようと不安になり、さかんに吠えるというたとえですが、山内土佐藩がいくら弱腰政府といっても、表面的には江戸幕藩体制下において、やはり治世を担当する封建領主として威厳を示す立場上、どうしてもお触書きは発布しなければなりません。しかし庶民の生活に余裕が生まれ、豊かになればなるほど、生活のすみずみまで細かく口を出し、あからさまな身分格差や差別はかえって大衆の反逆に火をつけ、規制が強まるほど、一度吹きはじめた自由の風の勢いはかえって強まり、結果的に、一般大衆の山内土佐藩に対する不満や鬱憤《うっぷん》の社会総意は極限に向かって高まってゆき、封建権威に対する抵抗と反骨の岩盤はより強固になっていったと考えられます。

4　庶民レベルに浸透する「資本と労働の分離」

山内土佐藩への新田開発の申請手続きは郷士たちが行い、開墾後は地主として小作料を収得するだけ、土地に関する「責任と権限」をすべて小作人に丸投げする。このような風潮は一般大衆に大きな抵抗もなく受け入れられ、土佐では本格的な勢いで「資本と労働の分離」が農民層や下層の庶民レベルのすみずみまで普及していき、生活上の「ものの見方、考え方」、あるいはとりまく周辺事情のあり方にまで、近代性や合理性の視線が持ち込まれてゆきます。

実際に農業で汗をながす永代小作人たちは、何事も自己責任と自助努力で処理しなければならず、自然災害にいかに対処するかはすべて「独立した個人」の責任と権限にゆだねられます。

そこではあらゆる知恵とくふうをみずから考え出す以外になく、自分で考え、自分で決め、自分自身が行動する、文字教育のおくれた下層農民にも現実の体験を通して身につけた「権利と義務」という近代の概念、それは文字に書かれたものでなく、あくまで生活体験の実証をとおして知りえた、後の土佐における自由民権運動の萌芽を広く大衆の間に用意することになったと考えられます。

この近代性を身につけたこれらの動きは模倣に始まる先進国の知識や情報という学識的技巧の吸収とは違って、文字もろくに読めない文盲教育の遅れた庶民層にとって、知識のかたよりが招きやすい矛盾や間違い、つまり化粧した主知主義の誤謬《ごびゅう》に決して陥《おちい》ることなく、単純に「損か得か」という日常の必然から身につく「世間の実学」を通して普及してゆくところに土佐独特の特徴がありました。

明治のエリートたちのようにそのまま外国から輸入した知識や理論ではなく、また模倣した丸暗記的な思想による触発でもなく、ささやかな生活をただ生き抜くための「生の必然」からみちびかれた本当の知性で組み立てられた「自由、対等」を身につけたのでした。

この時の主人公たちは、地面に足のついた生産と生活の実存である零細農民や下層庶民たちであり、その意味では、「自由、対等」に目覚めた素朴で純粋、あるいは露骨で荒けずりの民衆たちに見えるような、これらさまざまな色彩を放つ多様な個性的な群像として、未来社会にとてつもない大きな人材のかたまりを地方史に準備したと言えます。

土佐では丸投げした地主たちは権利として小作料だけ収得し、災害や病気に身構えるリスクヘッジの行動として「加地子米収得権」の売買へ向かいます。

さらに小作人たちの生活防衛の行動は、台風災害などで困ったときは、すみやかな「永代小作権」の売却に向かい、このようにして、金融工学的に災難や凶作に対するリスクが分散されてゆくことになりました。

この危機にそなえるリスクヘッジは、土佐が遠い過去から宿命として背負ってきた台風災害や不作・凶作など、悲惨な現実その教訓から、つねに社会的弱者である貧農家族たちの餓死《がし》という、残酷《ざんこく》な犠牲によって決済され続けてきた日本の庶民史に終止符をうたせ、日本における、あるいは世界の歴史において、誰も触れたくない、誰もがそ知らぬ顔をする以外になかった社会矛盾を合理的に解消する仕組みとして、今まで誰も解決できず手をつけることができなかった「悲しみや苦しみ」を確実に減らす画期的な機能の発見でした。

一人の人間が独占して支配できる所有権のあり方と、正面から向かい合い万民すべてが等しく幸せになれる新しい仕組みの開発に知性を向かわせ、創造的な価値をつくりあげ、社会に貢献した役割は大きく、いわば世界に誇れる日本の「歴史遺産」だといえそうです。

土佐の農民は、はるか弥生時代の稲作に移行したときから、いつも収穫の秋におそわれる台風という予測できない季節風におびえながら生きてきました。おそってくる大型台風は人間の作為や英知をはるかに超越した神々のしわざ、ひとたび上陸すれば、家は飛び、橋は流され、人は死ぬ。この猛威の下では地主も小作人もみんな同じ弱い存在なのです。江戸時代の土佐人にとっ

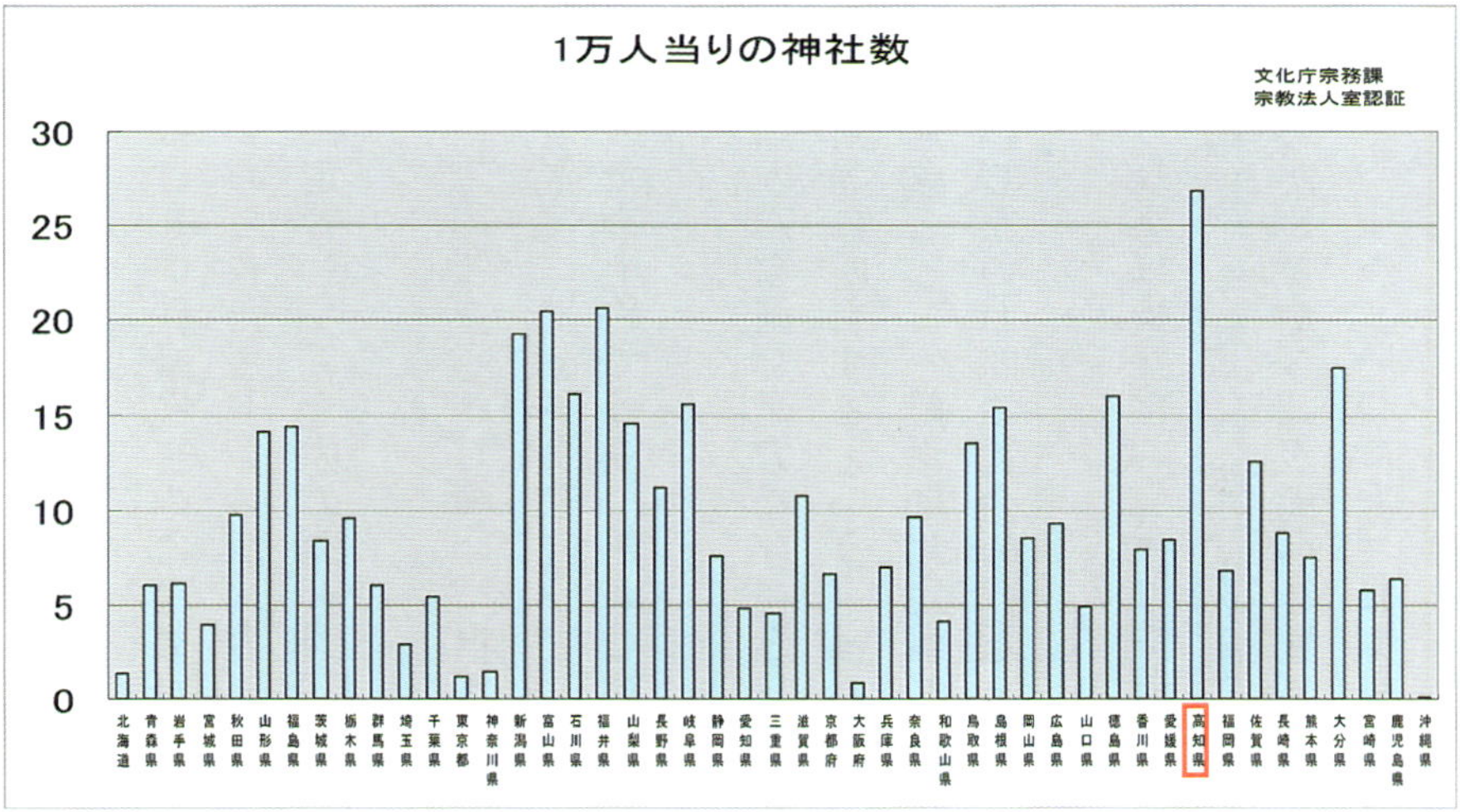

高知県神社数 全国対比表

文化庁宗務課に申請登録されているのみの神社数の統計数。

て、人間はもともとみんな平等に弱い実存であり、そこには強い者も弱い者もなかったのです。

急変する集中豪雨や干ばつの日照りも含め、はげしい狂暴性を内に秘めた土佐の気候風土の恐怖から、収穫への期待と不安、追いつめられたストレスからの逃避、これらを原因とした飲酒がやがて無意識に日常習慣に定着して、土佐の酒天国がみちびかれたと言えるかもしれません。

大事なのは「運」であり、農民たちは嵐が来ない「幸運」を心から願い、自然のもたらす幸せな「偶然」を心から期待して神に祈る強い気持ち、これを神にささげる懸命な努力の表現として神社を多く建立したのです。そのため土佐では人口比率で神社数が日本で一番多く存在するようになったのでした。[※14]

地主も小作人も身分の上下に関係なく、人間はみんな同じ微力《びりょく》な存在として、「悲しみ」をお互いで負担し、「よろこび」を分け合って対等に所有するという、ぼんやりした相互依存の理想倫理《りんり》が実学的に昇華《しょうか》され、社会通念として一般世間に定着し、土佐のあらゆる地域に、ドイツの哲学者・カントが強調したいわゆる社会の総意となってゆきました。

「開墾永代小作権」[※15]「土地改良永代小作権」「分与永代小作権」、さらに「買受永代小作権」「留保永代小作権」、そして「認定永代小作権」や「土地分け永代小作権」など、あらゆる場面でそれぞれ求められる名前と機能を果たしながら、「永代小作権」や「加地子米収得権」は自由、対等の思想哲学とともに民衆の中へ、いつでも、誰でも、利用できる日常の生活へとけ込んでいったのです。

六、零細農民や庶民たちが主体となった市民革命を準備した

1　権利を売買する

戦国乱世が終わり、平和になった江戸時代は人口が増え続けます。それに伴い、食糧をはじめ諸物価のインフレーションが定着し、貨幣価値は下がる一方でした。農耕に汗を流し、働いてせっかく貯金してもお金の価値が下がれば意味がないのはいつの時代も同じです。

突然の台風など、土佐の気候風土が持つ予想できない狂暴性を考えると、不作・凶作にそなえる便利な保冷倉庫もない時代、米の保存にも限界がありました。あたり外《はず》れの多い不安定な米づくりに老後のすべてを頼るより、国民年金をかけ財形貯蓄の発想で、加地子米(かじしまい・かじこまい)の収得という小作料を受け取る「権利」そのものを金融債のような安定した「財産価値」になんとか格上げできないものだろうか。

そこで、「加地子米収得権」という権利証書なら邪魔にもならず腐らない、おまけに管理に費用もかからず、むしろ将来に価値が上がれば心強い財産になる——たどりついた奇抜な発想、つまり「加地子米収得権」や流通する「永代小作権」を多く買い取り、

できるだけ老後にも備えるという保険の発想が生まれました。

幸いにも江戸時代はデフレを何度か経験しますが、ほぼ一貫してインフレ経済は続きます。安定した人間関係を基礎に、運命共同体として永久に保全できる「小作契約」にすれば、「永代小作権」は固定した商品として流通売買できるはず。

「加地子米収得権」も同じような考えで、食糧の現物支給を保障する最低限の生活福祉を中心に、現在の国民年金的な側面をより強調させるアイデアで、将来の値上がりも期待できる金融派生商品として、いつしか多くの土佐の庶民のあいだで支持されていったと考えられます。

この着想は、必ずしも通貨だけに依存しない有力な補完機能のあり方として、現在の我々に一つのヒントを暗示していると言えるかもしれません。現在のように、世界各国の経済が緊密に連鎖《れんさ》し、信用膨張という通貨の与信が不安定を増す国際的な「金融危機」、これに対処するリスクマネージメント(危機管理)として、「加地子米収得権」や「永代小作権」のように自宅に必ず食糧(米)が届く、つまり食糧債権の機能的な側面は充分興味が持てそうです。

徳川幕府の「田畑売買禁止令」下で、場所や地域にこだわらず、広範囲に流通する金融商品として開発した郷士たちのこの発想は、もともとささやかな生活防衛のため考え出されたのですが、すでに高度な金融工学から「貨幣の限界」にまで考察を広げて、民衆の、民衆による、民衆のための、社会保障の領域にまで足を踏み入れていたと言えます。

これら、いつの時代も国の人口のおよそ8割を占める、いわばもの言わぬはずの大衆と呼ばれる下層構造の人たちが主体となって時代を推進してゆく姿、そのあざやかに放《はな》たれた土佐の民衆たちの「革新の色彩」は世界史レベルでも驚くべきものだったと言えそうです。

2　身分を売買する

誰もが金持ちになれる夢やチャンスが公平に開かれる――郷士株を手に入れた後期の自由郷士たちは、買い取った郷士身分の甘い汁を吸い尽《つ》くし、打算された知恵とくふうを駆使《くし》しながら、しがらみに捉《とら》われない自由な生き方を展開してゆきます。

　そもそも身分の売買につながる郷士株の取引は、郷士の家系に跡継ぎがない場合、特別に譲渡《じょうと》が許可されたのですが、その後歯止めがきかなくなり、いわゆる他譲郷士《たじょうごうし》（金で身分を譲《ゆず》ってもらう郷士）が公然と一般化してゆきます。

　たとえば北川郷菅ノ上村（現在の安芸群北川村）の郷士・八左衛門は、凶作のため金銭が不足して苦しくなり、天保8年（1837）5月15日、香美郡土居村（現在の香南市野市町）の百姓・庄平に表面は「郷士職分領知共（郷士の身分と土地）」を譲り渡したことにして、後から領知（土地）を除き、郷士職分（郷士の身分）だけを100匁《もんめ》（1匁は80文）で売り、その手付金に10匁を受け取るなど、実に手の込んだ粉飾《ふんしょく》までして身分を売り、現金を手にしています。※16

　また、安芸郡吉良川（現在の室戸市）にある田中家は、宝暦4年（1754）7月22日、高岡郡越知面（現在の高岡郡梼原町）で、郷士職分と領地104石1斗6升5合を8銭《ぜに》13貫

600匁で譲り受けた記録が残されています。

郷士株の売買は社会の水面下で広範囲に行われていました。郷士株を他人にゆずっても、郷士職を40年間以上継続した家柄は引きつづき苗字《みょうじ》を名のり、刀を腰に帯刀《たいとう》できるいわゆる「苗字帯刀《みょうじたいとう》」が許されたので、外見上わからなかったことも郷士株がさかんに売買された理由になったと伝えられています。三菱の創始者である岩崎弥太郎の

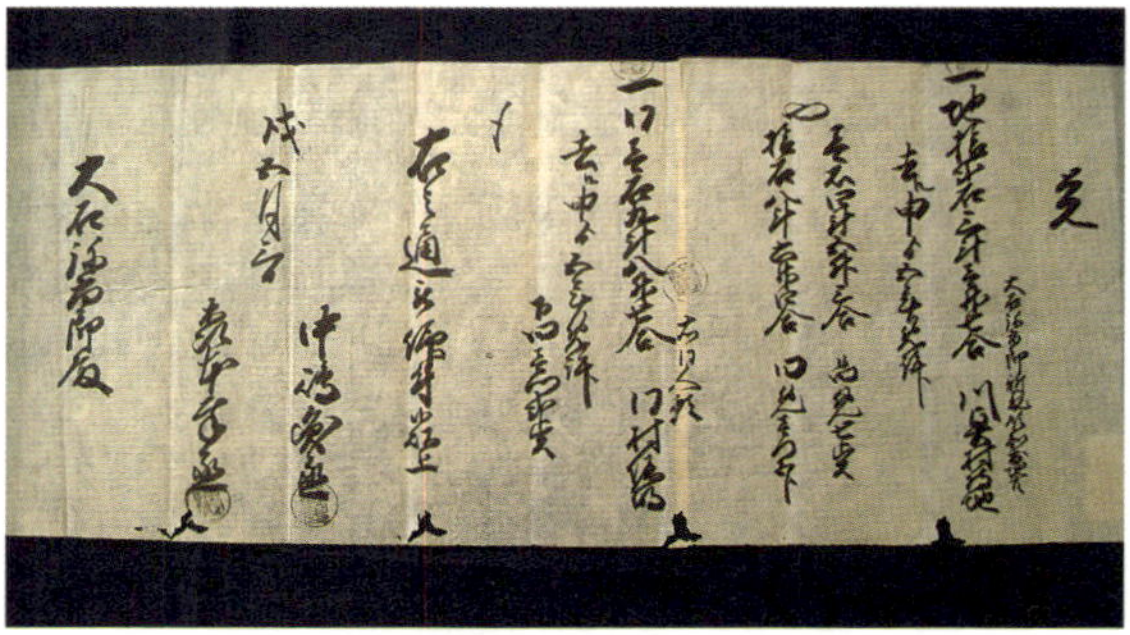

認定書

江戸時代 明和5年5月　中島圓丞（土佐藩役人）が「右の通り御付ラル候以上」と通知する。大石弥市郎からの新田開発完了届けに土佐藩が合意了解したことを通知した覚書。土佐藩の直轄地にも徐々に郷士たちが持ち込む自由な気風が広がってゆく様子がうかがえる。

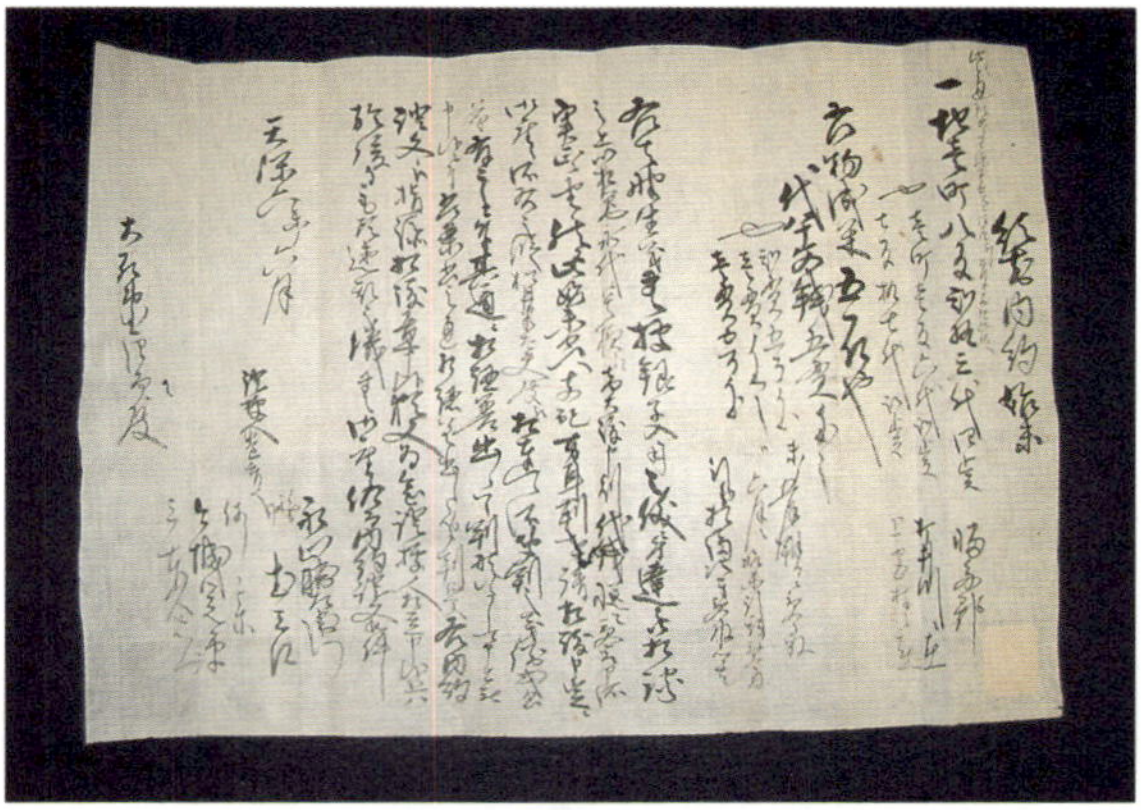

領知内約始末書

お互いが取決め約束をかわした契約書。

実家も郷士株を売り渡したため、弥太郎は落ちぶれた地下《じげ》浪人と呼ばれる身分からスタートすることになりました。

そもそも江戸時代の固定した身分制度でも、人生の途中で突然身分が変わる特殊な例はいくつかありました。たとえばそれぞれの藩に貢献度が認められ、特別に取りたてられた山形県(酒田市)の本間家、新潟県の市島家、石川県の木谷家など、また封建

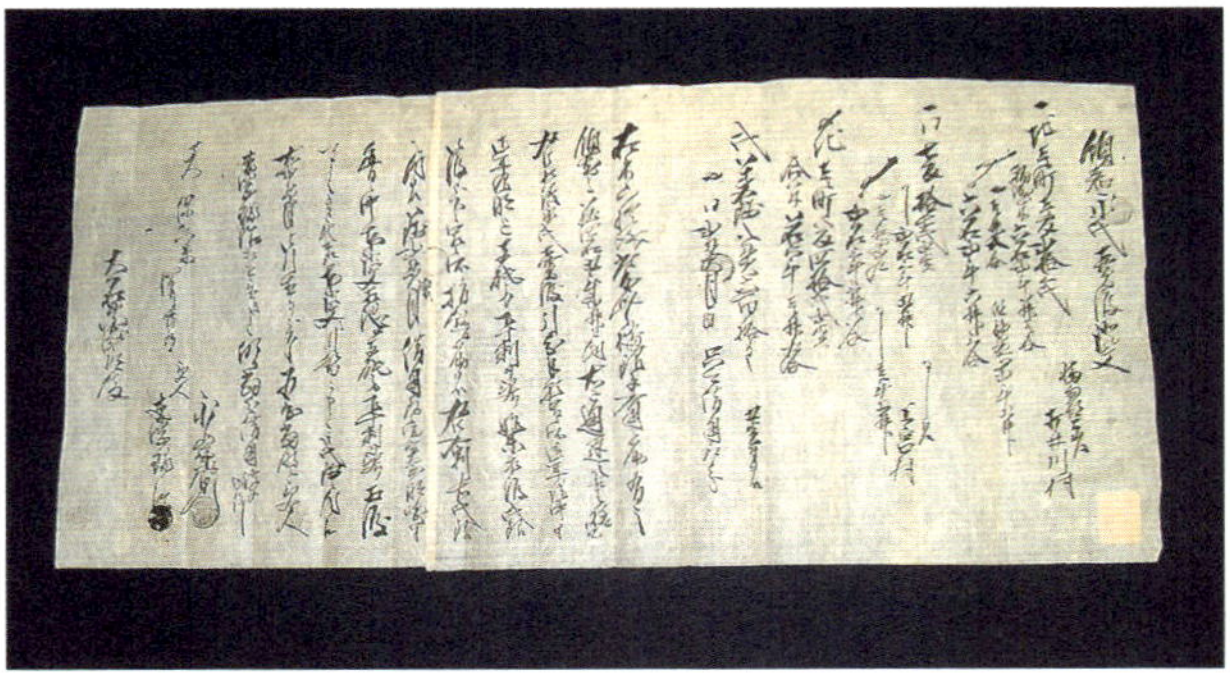

領地永代売渡証文

土佐勤皇党の領袖的存在であった郷士・大石家に残されている売買契約書。

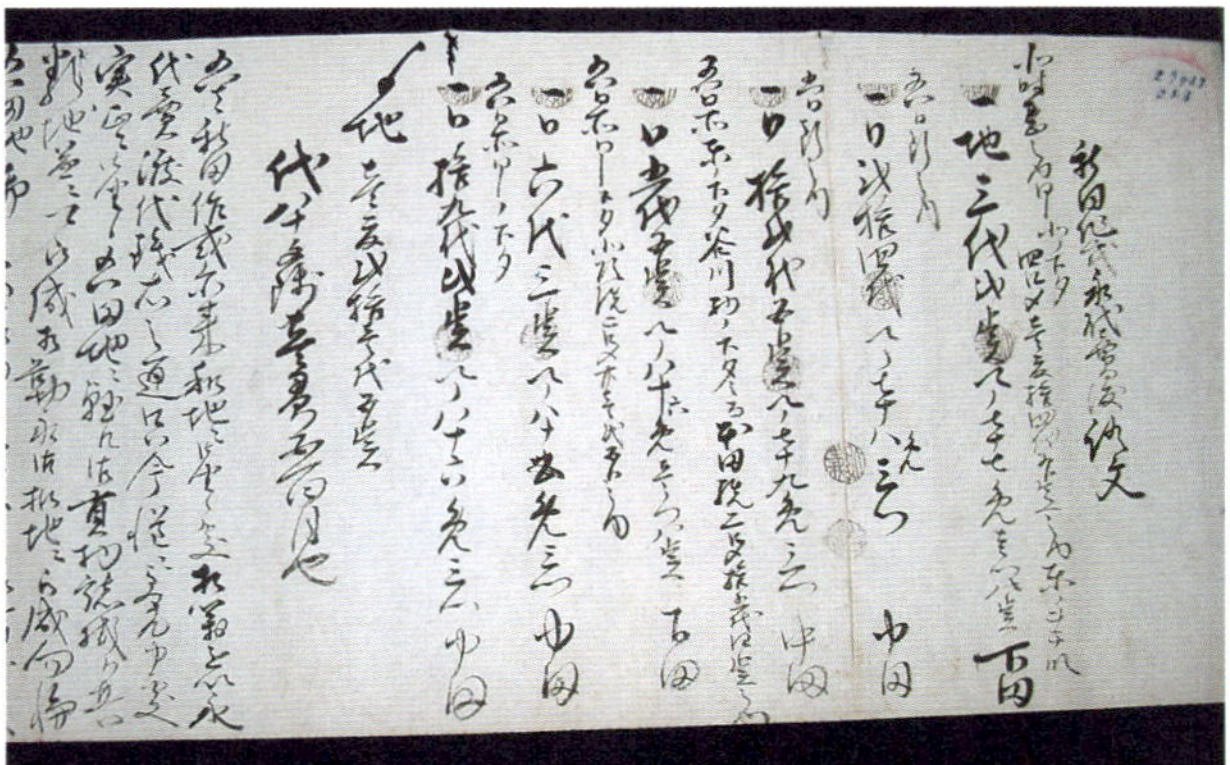

新田作式永代売渡証文

一般大衆の庶民間で広くおこなわれた売買契約書。

領主の金融方の特殊な仕事(職業)を長くつとめ、その実績が評価された大阪の鹿島家、天王寺屋、平野家、長田家、山下家、鴻池家、山中家、中原家など、特別な功労によって用心格・家老格などに格式身分が上がり名字帯刀が許された例があります。

さらに、一般人にも名字帯刀が許された特殊なケースもあります。固定されたわずかな世襲的な家柄だけに限られたケースですが、京都、堺、江戸、大阪、長崎の5か所の生糸輸入特定商の22人だけに限った「糸年寄《いとどしより》」というグループがありました。また、「身分株」の売買が比較的公然と許された特別な例として、江戸で約500石以下の武家たちを相手に高利金融業を営む「札差《ふださし》」という集団があり、営業を109人に限定したことから、その仲間内だけに限って「特権株」の売買が認められていました。

しかし土佐で行われたような、一般庶民が自由に値段を決め誰もが売買できる「郷士株」の私的取引などは、他藩に存在したような権力による許可や制約をうけるあり方とは本質的にちがっています。

自由に値段を決め誰もが好きなように取引できる、これは大衆社会に大きな自由が確保されていることが前提になります。

自由市場、言いかえれば実質的な意味で、土佐では自由に農地が売買でき、職業さえ選択できるチャンスがある、とても信じられない「自由な庶民文化」がすでに民衆たちの間に根をおろし、もはや地方の文化風土と呼べる民衆世界の基層にまで到達しつつあったことを示していると言えます。

表面的な歴史記述ではとらえづらい最下層の大衆たちや文字も読めない庶民たちが、日本で最も早く「自由の価値」に目覚め、「自由に対する態度」を手に入れたわけです。

自由な雰囲気と人間尊重にふちどられたヒューマニズム的な輝きを放ち、近世時代をかけ抜けた土佐の地方史を、日本史は間違いなく所有していたのです。

3　新たな自由郷士の登場と土佐藩の財政難

土佐藩の財政は、直営の所有地である「本田」と呼ばれる蔵入地《くらいりち》からの年貢収入に依存していましたが、新田開発での税収効果も土佐藩にとって大きな貢献にならず、財政構造はつねに悪化してゆき、享保時代にはとうとう藩士の俸禄（給料）を「半知」（50％）や「四分の一借上」（25％）という大幅な賃金カットまで断行せざるを得ないほど深刻になっていました。

一方、日常の雑費や必要諸経費はすべて現金（銀）で支払わなければならず、インフレによる貨幣価値の低下でさらなる現金不足を招き、危機的な財政難は続きます。山内土佐藩は天明7年（1787）、参勤交代の儀礼諸式の負担を少なくするため、徳川幕府に対してなんとか10万石の低い大名扱いに格下げしてほしいと正式に願い出るなど、なさけない嘆願をしています。

蔵入実高《くらいりじつだか》の年貢収入はそれなりにあるのに、なぜ土佐藩はこんなに貧乏だったのでしょうか。

この原因の一つに、給料として与えた知行扶持米を給知高（受取高）のランクに応じて石数量を現金で買い上げる「買米制度」が影響していました。家臣が生活するには大変便利だった代銀（現金）支給制度ですが、貨幣経済の浸透と押し寄せるインフレの波で、お金の価値が下がれば下がるほど深刻な現金需要が増え続けるという、まったく出口の見えない悪循環に陥《おちい》ってゆきました。

そこへ追い討ちをかけるように、徳川幕府から課役や御用金（寄付金）の要請など決して拒否できない困った要求に悩まされます。

土佐は本州から遠く離れ何をするにも経費がかさみ、徳川幕府の要求は我々の想像以上に貧乏な土佐藩にとって深刻な財政をさらに追いつめていったのでした。

この財政難を乗り切ろうと、二代藩主・山内忠義は知恵をしぼり、まず万治元年（１６５８）に材木８９、０００本、そして延宝元年（１６７３）にも６０、０００本、さらに天和2年（１６８２）には１０、０００本を幕府の要請代金の代わりに献上し、何とかピンチを切り抜けます。しかし、あいかわらず忍び寄る悪性のインフレ経済には打つ手がなく、とうとう最後の手段として元禄15年（１７０２）と慶応元年（１８６５）、二度にわたる貨幣の鋳造、通貨の乱発に追い込まれることになります。[※17]

世間に知られたくない深刻な台所事情、土佐藩の権威失墜につながるこの裏事情は、藩主の治世にいつも憂鬱《ゆううつ》な暗い陰《かげ》を落とし続け、なんとか財政破綻《ざいせいはたん》を食い止めようと、いかに悪あがきと言われようが、年貢の安定増収を促《うなが》すあらゆる打開策を打たねばならない余裕のない状況だったのです。[※18]

郷士たちに「永代小作権」の売買や「加地子米収得権」の自由取引などを黙認せざるを得なかったのも、実はこのためだと考えられます。そして、「幡多郷士募集」や「仁井田郷士募集」「窪川郷士募集」など、封建制度の空中分解を招きかねない大胆な開放政

参勤交代絵図
参勤交代による出費は土佐藩の財政に深刻な負担をあたえた。
高知県立歴史民族資料館所蔵

策をなりふり構わず進め、また「質入れ」として偽装された土地売買であっても見て見ぬふりをして、ほぼ容認してしまうのでした。

とうとう最後には、藩直轄の本田にも人権尊重のヒューマニズムに縁どられた「永代小作権」の設定まで認めざるを得ない墓穴を掘ってしまいます。

なかば公然と、なしくずし的に行われる郷士株の自由な私的取引の活発化に対しても、山内土佐藩は強い態度で臨《のぞ》むことも、強行な政治決断を断行することもないまま、いま一つ迫力のない、小さな弱腰政府の状態は、ほぼ近世期を通じて明治維新まで続いてゆくことになりました。

見方を変えると、このような状況が続いたことでかえって土佐藩が「自由、対等」という「永代小作権」の反封建的な思想原理を皮肉にも推進してしまったと言うことができます。

4　郷士たちのダイナミックな経済活動

新しい時代に夢を広げ、自分の信念で行動し、まわりの意見や権威に振《ふ》り回されず、毅然《きぜん》と立ち向かう自己確立した土佐の人物たち、その人たちの祖先には、なぜか共通して郷士の家系を多く見ることができます。

権力の偽善や偽装に反骨するつめたい視線を内面に持ち、本音が支配する利害の世界で積極的なビジネス活動にはげむ郷士たち、その一端を、桧垣家の古文書にのぞいてみます。

安政元年（1854）に元金102匁3分5厘を貸し付け、その利子として18匁3分5厘を受け取っている記録があり、新田開発のほかに、蓄財の方法として個人金融の金貸し業をおこなっていたようで、金利は月1分2厘から1分5厘の水準だったことがうかがえます。

また零細な小作人などに農耕用の牛馬を貸しつける現在のリース業なども営み、生まれた子牛はすぐ売却し、親牛の資金をすばやく回収するなど、したたかな蓄財を活発におこなっています。

同じように旧家・久保家に残る古文書によると、久保所兵衛長重は新田開発で土地を開墾してまず生活基盤をかため、その後商船2隻《せき》を買い入れ、木炭などの輸送業を始めます。そして物品を大量に安く買い入れ、利益を乗せて、すぐそのまま横流し的に転売する転送業を経営し、安芸地区(現在の安芸市)を拠点として商事的ビジネスを拡大しています。

金もうけを決して卑《いや》しい行為と考えず、あらゆるしがらみから解放され、自由に生きる人間像を久保家の商業活動のダイナミズムにはっきり見ることができます。

さらに久保所兵衛長重の孫である長治は、現在の安芸地区にあたる芝ケ平の新田を開墾し、宝暦元年(1751)8歳で郷士となり、その8年後、すなわち現在の成人式にあたる元服《げんぷく》を終えるとすぐ郷士職を他人に売却し、現在の安芸市・伊尾木に移住して福屋伝太郎の名義を借りて酒屋業の経営を始めています。

このように郷士たちは、郷士という名義上の身分を100%じょうずに利用し、ありとあらゆるビジネスチャンスをのがさず、現代人顔負けの合理的な功利活動を展開しています。

岩崎弥太郎
現在の三菱企業グループの創始者。

他人から自分に向けられる評価をほとんど気にしない、この陽気な金権主義は、安芸郡井口村(現在の安芸市井口村)出身の岩崎弥太郎にも影響をおよぼし、インスタントラーメンからミサイルまで、儲《もう》かれば何でも手を出す貪欲《どんよく》ともいえる三菱商事の功利精神につながってゆきます。

みずからは何も製造せず、他者の努力による完成品を仕入れ、すぐに転売するだけで大量の利益を得る、いわば徹底的にリスクをさけ「利ざや」だけに専念する露骨《ろこつ》な合理主義、ここに日本固有のお家芸《いえげい》とまで世界で皮肉をもって揶揄《やゆ》された総合商社、その発祥の産声《うぶごえ》とそもそもの起源をここに見ることができます。

「損か得か」の打算的な「実学」を「美学」に変えた土佐の郷士たちは、自らの営利活動を組織的にバックアップするため、現在の商工会議所や協同組合のような「郷士仲間」という会員組織まで作り、年中行事の開催、役所の広報伝達、会員間の相互親睦《しんぼく》など、情報交換や扶助《ふじょ》的な助け合い活動まで精力的に行っています※19。そこには当然、金銭の融通《ゆうずう》や役所対策もふくめ、多様に実行された「政治工作の活動」も容易に推測《すいそく》することができます。

このように、江戸時代の「士農工商」という身分制度下では、今ひとつあいまいな身分に過ぎなかった郷士層が、経済分野を中心にしだいに実相社会で存在感を持ち、新しい第三の新興勢力として、本音が支配する実学的な世間で隠然《いんぜん》たる影響力を確実に固めていったのです。

5　成熟した人材が生んだ民撰議会設立の建白書

このような新しい時代の変化を予感させる今までなかった「新しい大衆」の登場を裏づけるものとして、天明7年（1787）に土佐藩の留守居組《るすいぐみ》の侍である

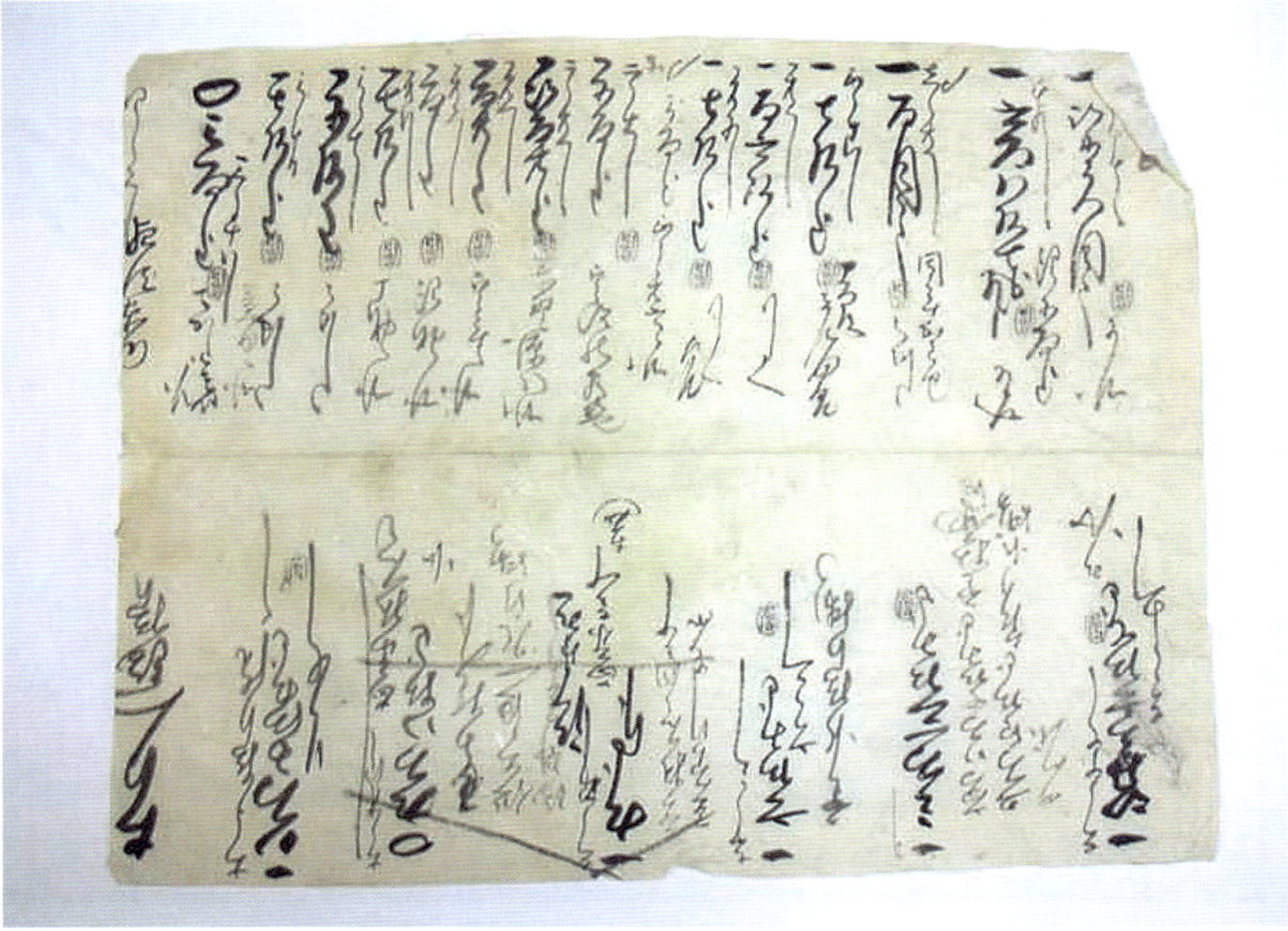

貸付控古文書
高知県香南市夜須町　川村家古文書。

今喜多作兵衛高光《いまきたさくべえたかみつ》が山内藩主に上申《じょうしん》した民撰議会の設立を求めた建白書の中に見ることができます。

「五箇条《ごかじょう》の御誓文《ごせいもん》」は明治維新樹立の時にかかげられた基本原則としてあまりにも有名ですが、この考え方は坂本龍馬の「船中八策」がきっかけと伝えられています。しかし実は、坂本龍馬の幕末よりおよそ100年も以前に、すでに土佐では君主を頂点とした「万機公論に決すべし」の精神性を尊重した議会制度の創設構想が正式にあらわれていたのです。

「御国中、上下貴賤に限らず、忠信の人をもって御選び出し成させられ、御側に差置かれ、万端御詮議など仰せつけられ候……御国中の人々へ撰み出し候様に仰せ付けられ……御国政の得失万端委曲申し上げるべき……」（建白書一部抜粋）※20

「自由は土佐の山間より出づ」記念碑
高知市中央公園。

今喜多作兵衛高光が「議会制度」の仕組みを提案した建白書では、「土佐の全地域から、身分の上下に関係なく人材を選び出し、国政に関するすべてにわたり、多くの意見や審議を経て政策を決定してはどうか」ということを藩主に対して提案しています。つまり土佐全域から「士農工商」の身分や階層に関係なく公選による人材起用で、政治運営をする民撰議会の設立が建白書の内容となっていました。

この頃になると貨幣経済の勢いが増し、役人の賄賂《わいろ》の横行や道義の衰退《すいたい》などが表面化し、もはや武士の精神資源の劣化と涸渇《こかつ》が深刻化していました。このような土佐藩士の怠惰《たいだ》と非力《ひりき》に危機感を持ち、武士だけに限る政治参加の特権をやめて、有能な人材登用の重要性を今喜多作兵衛高光が力説しなければならない深刻な政治状況がその背景にありました。

この建白書では、今まで通り藩主の専制君主制も士農工商の身分制もそのまま温存されていたことを考えると、西洋模倣の民主主義や議員内閣制とも微妙に違っており、土佐の土着から浮上した独自の考え方で組み立てられていることが分かります。

ここで重要なことは、このような、藩主を頂点として民衆による藩政諮問会議の創設立案は、すでに明治期における天皇を頂点にした議会制度の国家観がここで顔をのぞかせていたことです。

およそ半世紀以上も前に、「五箇条の御誓文」、つまり万機公論に決すべし、はすでに土佐の地方史に用意され出番をまって準備されていたのです。

これを機に3か月後、今喜多作兵衛高光は勘定奉行職に出世しています。彼は留守居組の本丸御番や忍び役として調査勤務のため土佐全域に派遣され、あらゆる階層の人々と接触する中、民衆の成熟度や有能な人材確保に絶対の確信が得られたからこそ、恐れ多くも藩主に対して上申に向かったのです。

民撰議会の設立を起案したこの「建白書」の上申は結局実現には至《いた》りませんでした。しかし、日本史上最も早い民撰議会の設立提案は、日本の将来の国家像を構想し、日本史に躍《おど》り出る多くの人間群の多彩な出現と活躍を思わせる人材資源の大きなかたまりが土佐の大衆社会に広く準備され、用意されていたことをはっきり語っていると言えるでしょう。

6　イギリスのジェントリー層と同じ革新性

封建権力に対して郷士と百姓たちは、今までなかった連帯という政治的分子の形を取りながら新田開発をつづけ、地図上に新しい土地を発見し「社会的な富」を増やしてゆきます。

そして、所有権のあり方に新しい工夫《くふう》をして「永代小作権」や「加地子米収得権」という歴史上存在しなかった新しい価値概念を考え出し、実学精神を思う存分発揮《ぞんぶんはっき》しながら生き生きと活動してゆきます。

たとえば、村木勘介は明暦４年（１６５８）と寛文元年（１６６１）に開発許可を得た合計８町３反（約２４、９００坪）のうち一部の開墾新田を遠隔地の小作人に一括《いっかつ》して下請させ、また安芸郡安田町の清岡家も開発新田を下請けに「丸投げ」します。

ここでは組頭《くみがしら》（代理人）を現地に置き、厚遇《こうぐう》と成績の目配りで冷徹《れいてつ》な合理的管理を心がけています。このとき、代理人の組頭たちは百姓たちにきびしい態度で収穫を奨励《しょうれい》するあまり、元治元年（１８６４）５月、北川郷成願寺村（現在の安芸郡北川村字島）の百姓15人によって組頭を相手取る紛争まで起きています。（『土佐史談』第88号）

この組頭の成績主義の行動やそもそもの紛争の発端《ほったん》をよく見ると、隷属的に奉公するいわば儒教的な色彩をおびた主従関係のあいまいさではなく、すでに「責任と成功報酬」を明確化した成果主義が支配する、ほぼ現在の営業活動に近い徹底した個人主義や合理主義が遠隔地の末端まで行き届いているのを確認することができます。

この意味で、イギリスのジェントリー階層の「ブルジョア的資本家」に共通する合理主義の近代性を身につけ始めていたと言えます。

ジェントリー層と土佐の自由郷士たちは、いくつか同じような特徴を見ることができます。「紳士」を意味するジェントルマンの語源は「ジェントリー」に由来しますが、ジェントリー層はもともと貴族ではなく、正確には有力貴族たちの家来や従属者に過ぎませんでした。

ばら戦争や百年戦争など続く戦禍《せんか》や黒死病《ペスト》などの不安、このような社会的混乱と、イギリスで深刻化する封建制の衰退化により、ジェントリー層は没落者から農地を買い入れ、一般に優位階層と見られていた地主的立場の仲間入りを果たし、土地からの収益に専念した寄生地主として少しずつ台頭してゆきます。

もともと、ジェントリーたちには正式称号も爵位《しゃくい》もありませんでした。しかし一般庶民からは、富裕者に対してそそがれる眼差《まなざ》しと、表面的な敬意は多少受けていたと考えられます。このような中、彼らはあえて戦場へ積極的に身を投じ、犠牲的な精神性を強調した奉仕活動に参加し、さらに無報酬で煩雑《はんざつ》な行政雑務も引き受けるなど、高貴なる精神性を意識的に貴族社会や一般の世間に対して打算的な技巧でアピールしてゆきます。

イギリス階級社会では、ややもすれば内面的な蔑視《べっし》を受けやすい成金的で露骨な富裕者たちとの違いを見せることにしたたかな成功をおさめたのです。

計算された作為を含む通婚によって貴族とジェントリーとの外見上の違いはしだいに消えてゆき、創造的な発想力や自由で勇敢な行動力は従来の貴族とくらべ遜色なく身につけ意識的に決して失うことはなかったのです。

そもそもジェントリー層たちは旧来の農業分野の領域をその出身としてスタートするのですが、貨幣の運動性にめざめ、新しい変化のきざしに対する機敏な行動と豊かな発想力を持ち、イギリスがそもそも世界に存在感を現わす産業革命、その革新を準備することになる毛織物軽工業の分野にいち早く進出します。

その後、現実的に産業革命を裏でささえ大胆に進めることに貢献したのはこのジェントリー層でした。かれらが中心的役割を果たし、しがらみに捉《とら》われないで革新的に行動するジェントリー層の実学的な精神性が、島国に過ぎないイギリスが世界の大英帝国へ跳躍《ちょうやく》する背景と推進力に大きくかかわっていたのです。

イギリスが繁栄を誇る時代はつづきますが、しだいに高度な資本主義へと社会変化し始めると、ジェントリー層は製造業的な発想からすばやく金融ビジネスに軸足《じくあし》を移し、現在の「金融のシティー」(イギリス・ロンドンの金融街)を中心とする銀行、保険、証券を中心に金融資本、すなわち資本主義の先鋭化によるグローバルな金融事業に突き進んでゆきます。

このようなジェントリー層が時代で果たした役割と、その継承された実績など、その経済的立場や確固たる社会的地位は今日に引き継がれ残ることになりますが、そもそもイギリスが世界史にその存在感を示すことができたのは、結局のところ、ジェントリーたちが信条とした未知なるものに挑戦を続ける不屈の情熱と創造的な行動力、そして意味のない慣習やしがらみから解放された自由な精神性だと言えます。

「土地と身分を固定」した封建的な伝統の枠組みを脱し、新しい時代や未知なる社会を自由な発想で駆《か》け抜けたジェントリー層が身につけた精神の革新性は、土佐の自由郷士たちの革新的な精神性と、その質と量において世界史で果たした役割はおよそ違っていても、本質的に共通する側面を多く持っています。

古い因襲《いんしゅう》や封建倫理をいち早く脱して、伝統的権威に冷静な視線で正面から向かい合い、形骸化した権威への内面的な反骨精神、したたかなに打算する功利精神、これら新しい時代を準備し、新しい生き方を用意することになった実学的知性や常に創造的な価値に挑《いど》む意欲的な態度など、イギリス貴族の家来《けらい》に発祥したジェントリー層と土佐藩に城を追われ、身分をうばわれ、社会的称号のない失業サムライをスタートに、負けるものかと歯をくいしばり、不屈の精神で立ち上がり新しい世界を切り開く社会的存在として誕生し、現実の実相社会で台頭してゆく郷士たちの力強い生き方、この流れの中にはっきり両者の共通点を読み取ることができます。

7　土佐の「永代小作権」が生んだ実質的な市民革命

「永代小作権」が庶民の間に広がることで、少しずつ行きわたる「資本と労働の分離」、お互いの自由を尊重した「平和的な相互関係」、これらを基礎にした「対等主義」、そして土佐の民衆が目覚め始めた「貨幣の力強い運動性」、江戸時代にあってこのような革新的ともいえる「近代性」は、旧長宗我部の失業サムライに始まる郷士たちやその後参入してくる自由郷士たち、さらに「永代小作権」にかかわる周辺の人々、これら多くの民衆によって新しい時代を準備しながら大きな広がりをみせ、土佐全体に行き渡ってゆきました。

誰でも、「加地子米収得権」さえ買い取ればいつでも地主の立場を手に入れることができ、「永代小作権」を買い取ればいつまでも思い通りに耕作ができるのです。権利が自由に売買できたことで、自作農の増加と土地の流動化を土佐全域に加速させ、「農地改革」と同じ社会効果を発揮することになりました。

文字教育の遅れた下層農民や庶民たちにとっても、「損か得か」という日常の生活を通して「自由」と「権利」の概念が実学的に啓蒙《けいもう》され、実質の利得が理性で認識され、体験によって検証されながら、「権利の主張と責任の弁明」という近代民主主義の新しい風を全国諸藩に先がけ土佐の民衆たちはいち早く身につけることになります。

郷士がおこなう新田開発は、生産石高で計算して上限250石以下という開発面積での制限があったため、そのため他県と違って区切られた土地が多く、現在でも高知県には見渡す広大な田畑を持つ大地主は少ないのです。

これは「永代小作権」や「加地子米収得権」の私的売買を通して、専制君主がそれまで独占していた農地が結果的にほぼ公平に近い形で均等配分され、富の社会分配が現実に成功していたことを物語っており、突出した大地主の出現を許さなかったのです。

フランスで起こった大地主やブルジョア富裕層が深いところで関与した革命の結果とは大きく違い、零細な小農民たちがいち早く主体となって成功をおさめた実質的な土地の高度利用が、土佐でははるかに早く進んでいたのです。

つまり、フランスにおける特定の大地主やブルジョア富裕層が実質的な推進力となって、あくまで限られた上層の人々への富の分配におわった革命の動きではなく、土佐では政治史に決して登場しない名もなき庶民たちが村落共同体という「土地と身分が固定化」され、長く閉ざされた古い社会構造から解放され、もの言う「私的な個人」へ変貌《へんぼう》することで、つねにその国の人口の圧倒的多数を占める下層でうごめく一般大衆たちが新しい時代を推進する主体的な主人公となって近代性への革新的移行が進んだのです。

人間の「生存権利」の意識に目覚めた「土地の解放」、つまり「永代小作権」や「加地子米収得権」の私的取引を通じた農地の国民への開放が、近世・江戸時代の約200年のあいだで土佐の風土の基層的な底辺にすっかり根をおろすまでに到達していたと言うことができます。

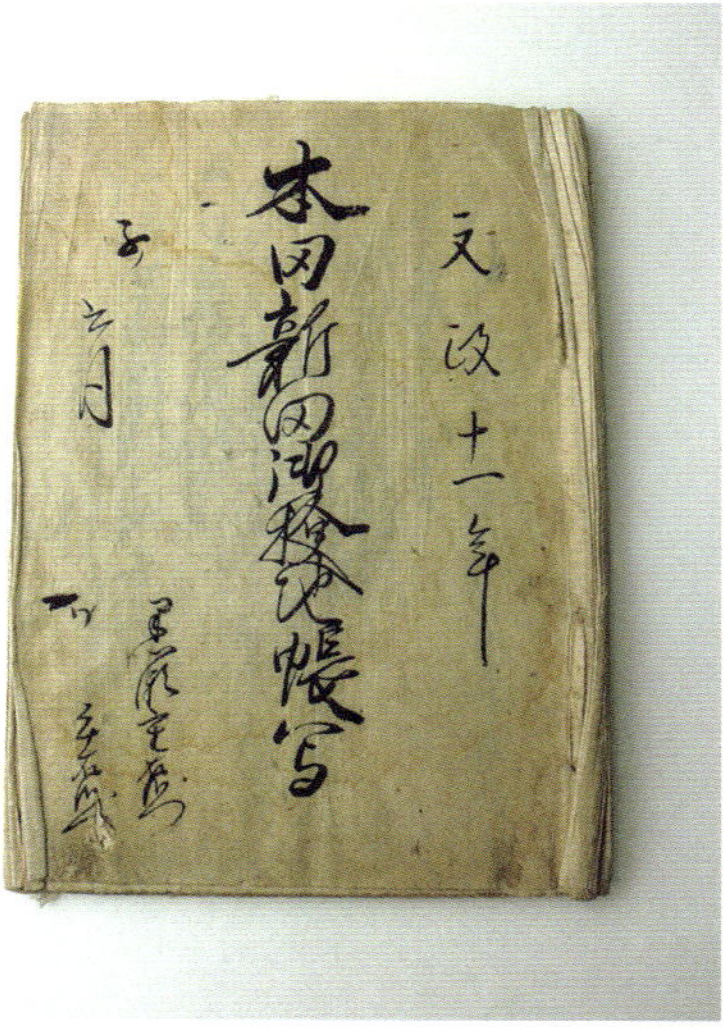

本田新田御検地帳写

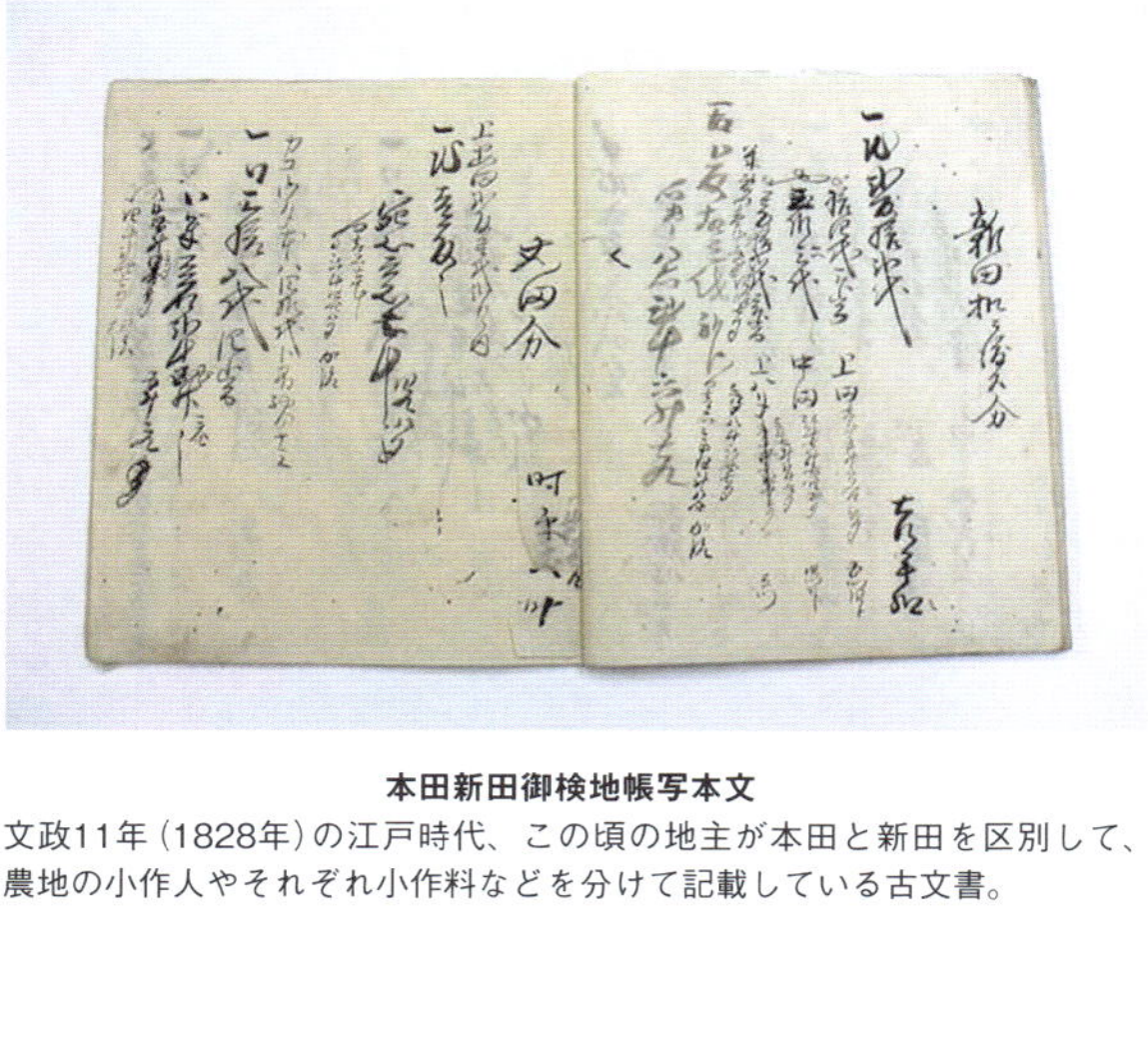

本田新田御検地帳写本文
文政11年（1828年）の江戸時代、この頃の地主が本田と新田を区別して、農地の小作人やそれぞれ小作料などを分けて記載している古文書。

フランス市民革命では、土地を独占していた領主に戦士として立ち向かった小農業者が１７８９年のフランス革命後、実質的に新興ブルジョアジーの大地主から１８９０年に「共同利用地」の回復宣言を勝ち取るまで、およそ100年の歳月を必要としました。それに比べ土佐では１７００年代に零細な自作農のすみずみまで土地の「民主的な社会配分」「土地資源の有効活用」が広く浸透していたのです。

明治、大正、昭和に至る長い間、日本では全国至る所で小作争議と呼ばれる地主と小作人のあいだに「利害対立の激しい闘争」が起きています。この紛争は深刻な社会不安を招くまでに発展し、日本の大きな政治問題にまでなりました。しかし、土佐では小作人と地主の激しい利害の衝突はそれほど多く起きていません。その大きな理由に、地主も小作人も「お互いの立場を尊重する」という相互依存の思想的な輪郭《りんかく》が庶民の心にいかにはっきりした形をもって実在していたかという事実を暗黙のうちに語っていると言えます。

8 「幻の76万石」が語る土佐の無血革命

われわれ多くの日本人は、第二次世界大戦の敗戦後、すなわち占領軍アメリカのダグラス・マッカーサーが日本に上陸し、その後はじめて「自由に関する権利意識」、つまり民主主義化が進んだと思いがちです。

しかし、連合軍に敗れる１９４５年より以前に、つまりアメリカ合衆国がやっと「人間の自由」を宣言した１８６３年の奴隷解放より、はるか200年も前に、すでに土佐では「人間が幸せに生きる」とは、うわべの表面的な言葉でなく、現実にはどのようなことかを考え、一方だけに都合のよい自由ではなく、貧富の格差がまねく嫌味な区別や人種の差別などもなく、もともと人間はお互い「自由、対等」であり「よろびや悲しみを等しく分け合い」、相互に依存し合って生きるという、実質的な人類史観に立った「自由、対等」の体系をすでに完結させていました。

郷士出身の坂本龍馬や岩崎弥太郎などが日本の政治権力や権威に背をむけて、なぜ経済で世界をかけめぐる方向に翼《つばさ》を広げたのか、これを知るには土佐の地方史は全国の社会通史とはまったく違った視点でとらえる必要があります。

土佐には、新田の開発特権をおよそ200年間ほぼ独占した全国の諸藩とまったくちがった経済郷士たちの特異な存在がありました。経済力で台頭した郷士層が革新の丘に立ち、田畑を耕す零細な小農民や、さらに商人、町人を含む多くの一般大衆が主体となって旗をふった実質的な「無血革命」によって、地平線上にいち早く姿を現わした「新しい民衆たちの登場」はあまり知られていない日本史上で起きた事実でした。

なぜそのような革命的な状況が地方史に生まれることになったのか。土佐は一般的に「石高24万石」と言われています。しかし平尾道雄をはじめ松山秀美、宮地仁、橋詰延寿のそれぞれ地方史の権威である各氏4名の参加で編纂《へんさん》された『高知県農地改革史』（高知県農地改革史編纂委員会　1952年）は、その中で山内一豊が土佐に入国し、野中兼山が郷士制度を始める頃から、すでに土佐は石高50万石あったと142頁で述《の》べています。

この書が明言しているように、新田開発に着手《ちゃくしゅ》する以前、すでに土佐は石高50万石あったなら、土佐は24万石と言われているのに、いったい残る26万石はそもそも誰がふところに入れたのでしょうか。

土佐には長宗我部時代から正確な意味での「石盛り」の存在が確認されていません。新田開発が進むと、江戸時代後期には土佐の農耕面積はおよそ2倍に増えています。すでに50万石あったなら、江戸後期には単純に100万石の生産高があったことになります。これは誰も語っていない地方史における大いなる「不思議」です。

郷士層の勢力拡大と、いまだ謎《なぞ》といわれる野中兼山の失脚《しっきゃく》はこのことに無関係どころか、実は大いに関係があったと考えられます。

そもそも「郷士取立制」を立案した野中兼山は、殖産興業の育成と専売業の権益についても郷士たちを側面から応援しています。実際に、新田開発に必要な資金も「藩庫」の借銀融資(助成金融資)で援助しました。

江戸時代の土佐における野中兼山と郷士たちの関係とはなにか。

近世期の土佐で、結果的に一番甘い汁を吸ったのは間違いなく郷士たちだったと思われます。しかし、いい思いをしたのは郷士たちだけではありません。

郷士と向かい合い連帯して行動した名もない無数の百姓たち、さらに驚くほどに安い小作料と「永代小作権」や「加地子米収得権」などの私的売買で恩恵を受けた人たちは永代小作人やその家族をはじめ、その他多くの農業分野を領域とする周辺関係者であり、さらに言うなら、宝暦13年(1763)以降、ほぼ自由参加になったのを契機《けいき》に新田開発に乗り出した町人や商人も含め、これら国を構成するおよそ80%以上の一般大衆を含むすべての土佐の民衆たちが恩恵を受けたと言うことができます。

そもそも公表された表向きの帳簿《ちょうぼ》に出ていない「幻《まぼろし》の石高」が、結果的に広く社会に再分配されたと言えるでしょう。26万石の誤差、いや実際は江戸後期には76万石の大きな誤差、歴史の表面に登場しないこの事実が、リンカーンの奴隷解放より、さらにフランス革命十七条の宣言よりも、世界史上もっとも早く、「自由と富」が一般大衆に向かって解放され、一滴の血も流さず、人類史上で例のない奇妙な「市民革命」が土佐で進行したことを語っていると言えます。

暗黙のうちに我々に語りかける「幻の石高76万石」この数字が語る明らかにされていない真実の存在そのものが、物語の進行役をつとめ、歴史の秘密そのすべてを語ることができる最大のストーリー・テラーであると言えるでしょう。

七、土佐が打ち立てた「分割所有権」は現民法272条に刻《きざ》みこまれている

1　「永代小作権」廃止の法令公布

坂本龍馬の船中八策から「五箇条の御誓文」、そして明治新政府樹立へと時代は進み、

徳川幕府のもとに全国およそ330の諸藩が独自に行っていた政治権力はすべて明治新政府に集権化されました。

これに伴い、これまで「米」で年貢（税金）を納めていた制度は廃止され、現金で納税するやり方に変わります。日本歴史上の大きな政策転換の出来事といえる有名な地租改正《ちそかいせい》です。

政府は現金での納税方法を実施するため、農地の所有権者を決め、正確な全国の土地台帳を作る準備にとりかかります。このとき、小作料を受け取る人間が正当な土地

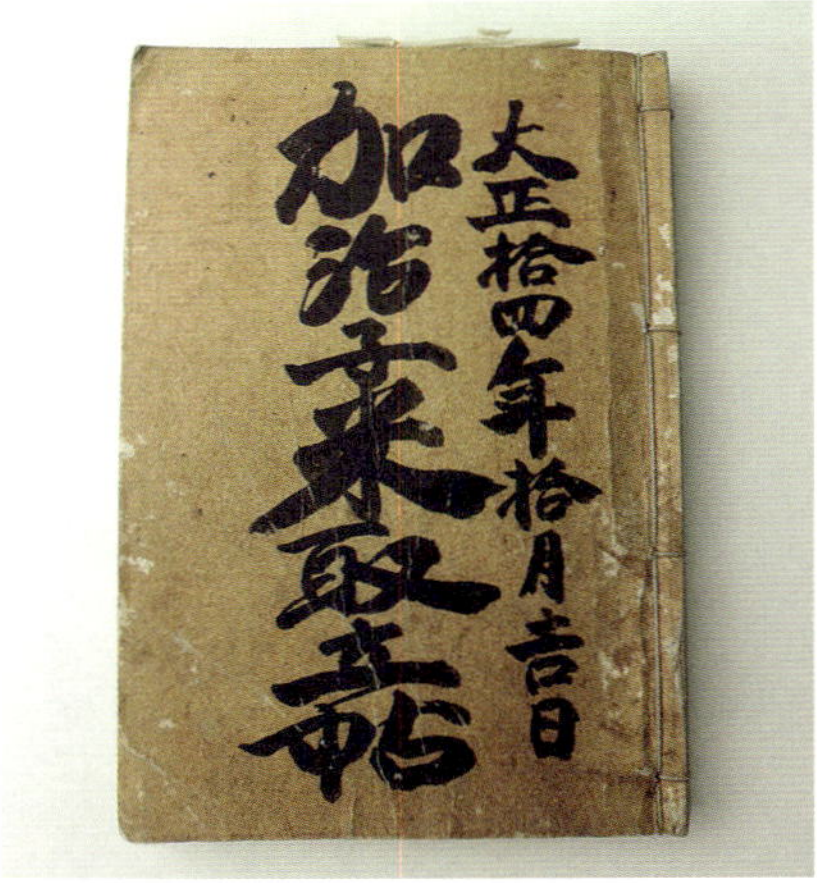

『加治子米取立帖（加地子米収得帖）』

江戸時代の土佐では小作料のことを加治子米（加地子米）と呼び、年貢は米の石高で支払われた。明治維新以降による地租改正がおこなわれ政府への納税は現金になったがあい変わらず小作料のことを加治子米と呼んだ。

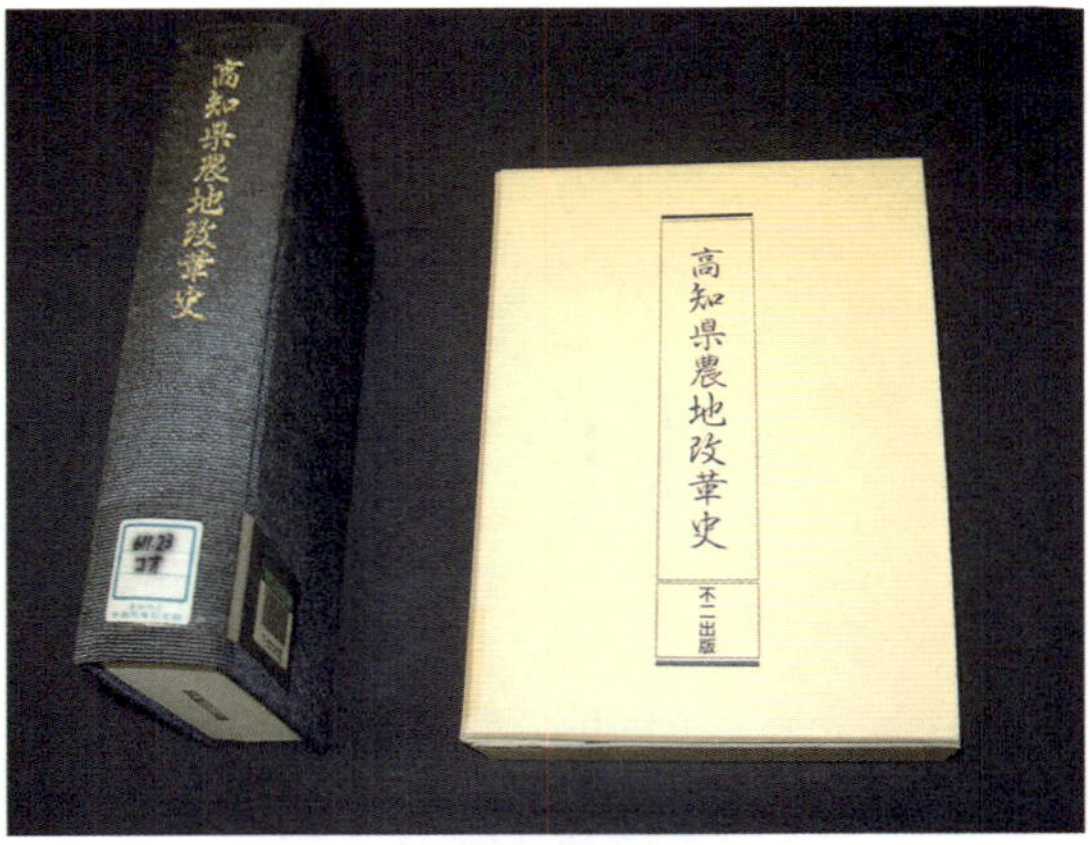

『高知県農地改革史』

昭和27年11月23日に発行された『高知県農地改革史』は、平尾道雄　松山秀美　宮地　仁　橋詰延寿らによる高知県農地改革史編纂委員会が発行者となり代表者は溝渕増巳。発行所は高知県高知市丸の内5番地　高知県農地部農地課内となっている。この書の142ページでは野中兼山が新田開発を始める以前から土佐国はすでに石高が50万石あったとされている。　高知県立図書館所蔵

の所有権者であると考え、あくまで名義上の地主に土地の地券状（所有権を証明する書面）を発行しようとしたのです。このとき、高知県で大騒ぎが持ち上がることになります。

土佐では江戸時代から、農地における名義上の地主は「底地《そこじ》持ち」と呼ばれ形式的な立場が多く、慣習として公租公課の税金なども実際は永代小作人が負担してきた経過があります。

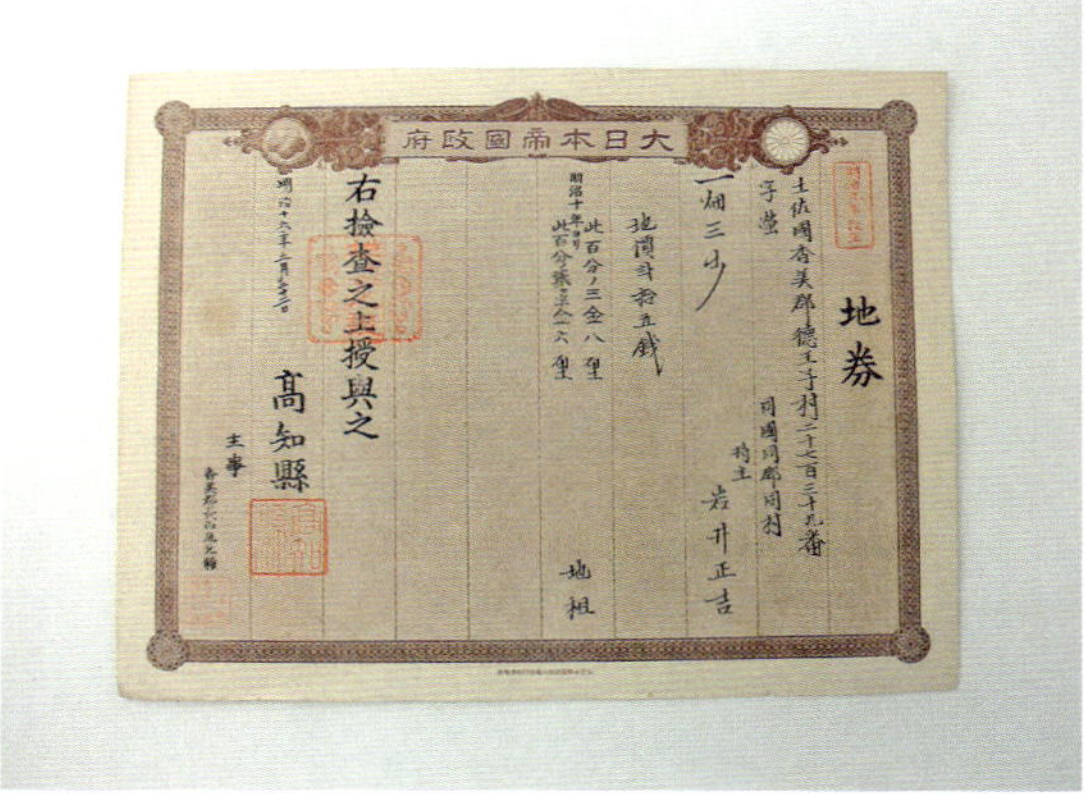

地　券

明治新政府が日本全国の地主に発行した土地の権利書。明治16年の地券状

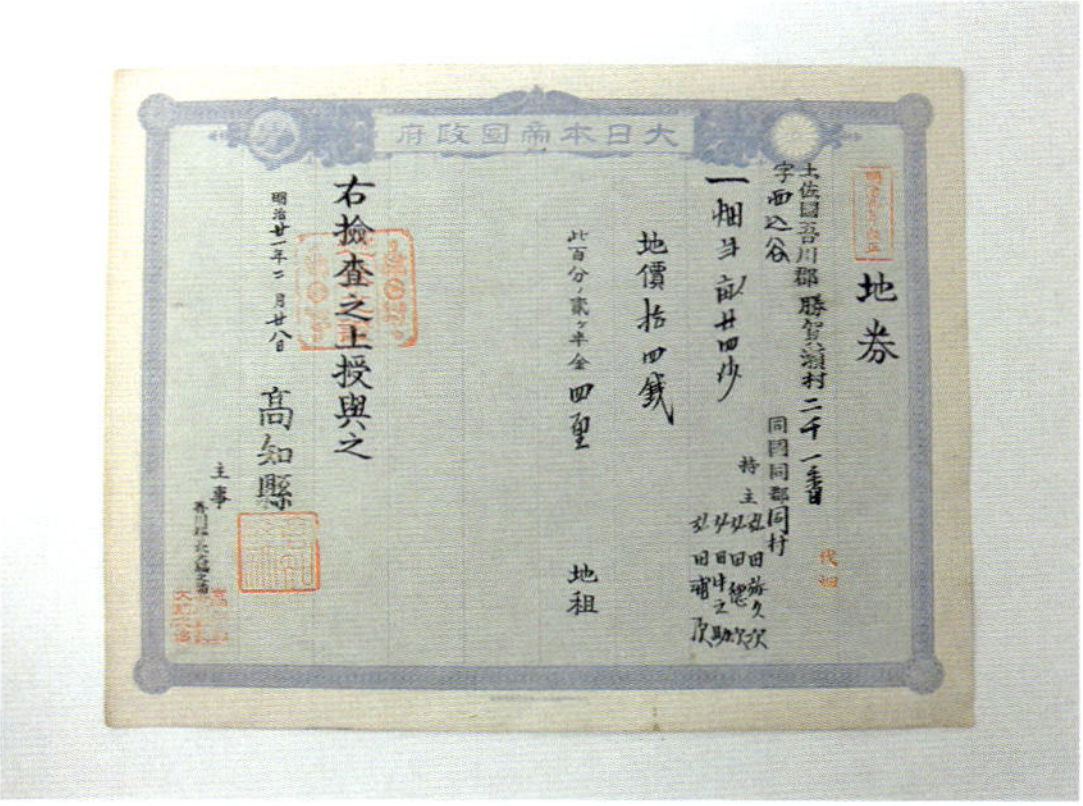

地　券

明治新政府が発行した明治21年の地券状

永代小作人は「上土持《うわつち》ち」として、「農地を永久にわたって絶対的に支配できる権利」を持ち、むしろ地主より農地に対して強い権限を持ち、実質的な地主に近かったのです。つまり、一つの土地に二人の所有者が存在する複雑な「分割所有」、または「二重所有」の実情になっていました。

このような奇習がけた外れに多く存在していたのは土佐だけだったのですが、明治新政府はこの慣習について詳しく知るはずもなく、さらに困ったことに、支払われた小作料を逆算して土地全体の評価額を割り出し、それを基準に徴収すべき納税金額を決めてしまったのです。そうすると、もともと土佐では「永代小作権」が設定された農地は、地主に支払う小作料(加地子米)が土佐藩直轄農地であった「本田」のおよそ二分の一くらいと極端に低かったので、同じ形状の農地でも「永代小作権」が設定された土地と、そうでない土地とで支払う納税額に大きな差が生まれ、不公平が生じることになってしまったのです。

この明治政府のやり方に不満が続出し、高知県では「地租改正」をきっかけに、ほとんど混乱に近い状態におちいりました。当時の岩崎県令(県知事)は紛争の拡大を防ぐため明治政府の木戸内務卿や大隈大蔵卿と協議するのですが、意見や主張が対立し問題がいっこうにまとまらず、騒ぎは大きくなる一方でした。

そして、とうとう明治31年(1898)、土佐人の不満は爆発します。この年、明治政府は突然、50年間を限度満期として「永代小作権」を廃止するという法令「民法施行法第47条第2項」を正式に公布したのです。慣習法として土佐人に支持されて続けてきた「永久にわたる小作権」、いわゆる「永代小作権」はその存続を許さず、民法施行の明治31年（1898）7月16日から50年後の満了日、つまり明治81年7月15日に廃止すると決められたのです。

もしも廃止となれば今までの投資は無駄になってしまいます。「永代小作権」の契約書は紙切れ同然、価値のないものになってしまい、現実にこの日以降、「永代小作権」の取引相場は暴落し始めました。

これは、とても土佐人が納得できるものではありません。明治政府と土佐人は真っ向から対立することになります。

2　廃止反対に立ち上がる人々

「永代小作権」の廃止を決定した「民法施行法第47条第2項」は、土佐で生まれ、歴史的に引き継がれてきた「自由、対等」を尊重する風土精神をまったく無視することになり、土佐人の「ものの見方や考え方」が根底から否定されることを意味しました。

地方の権力を中央に集権化し、強大となった明治政府は土佐で脈々と引き継がれた伝統的な精神文化や民衆たちが主体となって形成してきた地方風土の伝統的価値まで、まるで意味のないように飲み込もうとしていたのです。

土佐人の基層的なメンタリティー（精神性）として、お互いの自由を尊重し、「よろこびと悲しみ」を等《ひと》しく分け合い、対等な関係で機能し合う公平の原理を大事に考え、強い立場も弱い立場もあえて積極的に作らないという哲学がありました。

相手がどんな権力者であっても、たとえ土佐藩だろうが明治政府であろうが、決して権力にくっせず、あくまで自分の信念をつらぬき通そうとする土佐の反骨精神はずぶとい骨格でできていたのです。

ここで、反骨の意地がムクムクと頭を持ち上げた土佐の「豪傑」、松尾富功祿《ほくろく》（１８６３〜１９３０）と弘瀬重正《しげまさ》（１８６０〜１９２２）の二人が立ち上がります。

松尾は現在の香美市土佐山田町の出身で、山田の町長を約30年間務め、その後郡県会議員を経て県会議長を歴任したのち高知市長を務めます。日露戦争直後には大規模な水路工事を完成させ約100町歩（1町＝3、000坪）の荒地を美田に変えたことでも有名で、高知県下でも指おりの農事功労者でありました。

山田町はもともと香長平野の北端に位置し、江戸時代に野中兼山が最初に開発を始めた鏡野《かがみの》の中央にあたり、高知県でも有数の永代小作地が多いことで知られています。

一方、弘瀬は土佐郡潮江村（現在の高知市）の出身で、一度決めたら一歩もひかない不屈の政治家でした。潮江村村長を務め、地元では多くの人望を得た徳望家《とくぼうか》としての評判も高く、小作農民に深い理解を示した自由民権家として知られています。初期

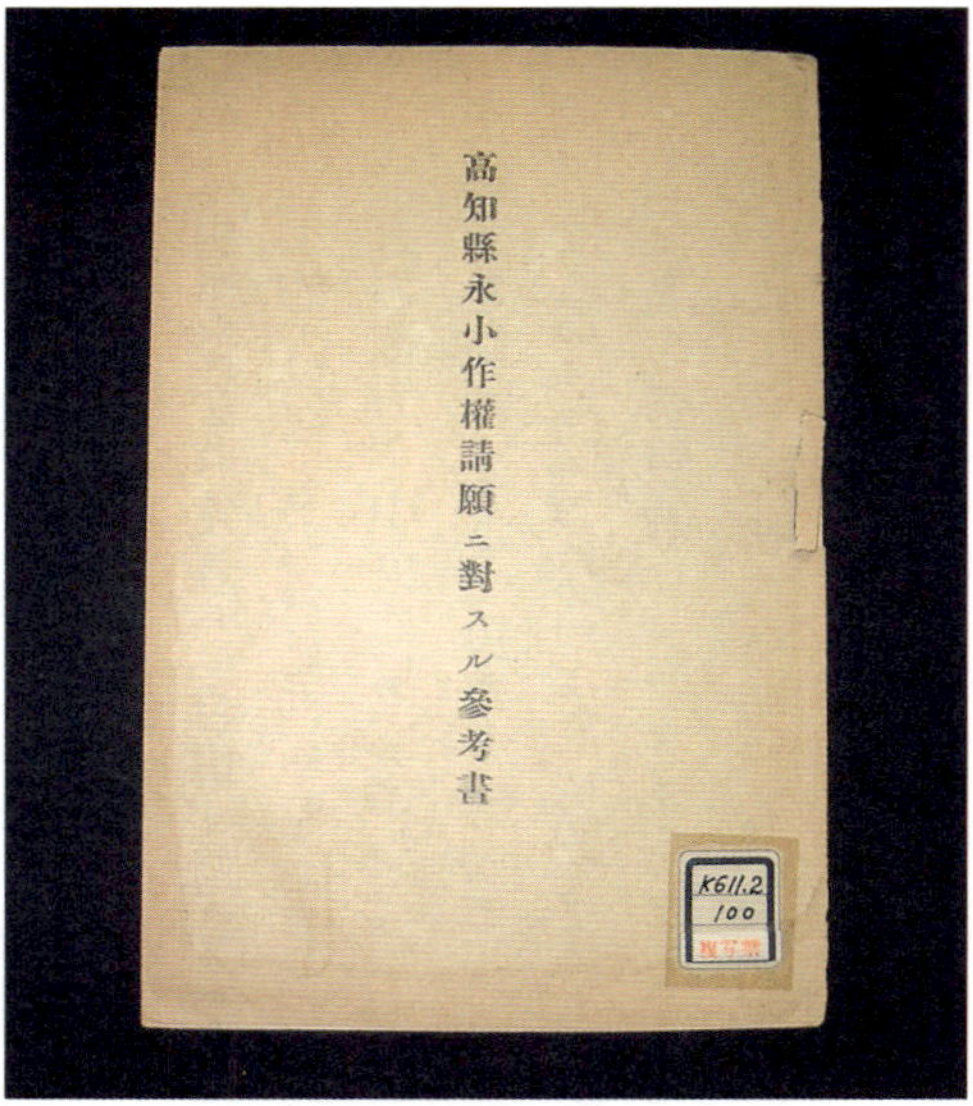

『高知県永小作権請願書』
永小作権（永代小作権）の廃止に断固反対して、土佐の人々が立ち上がり明治新政府に存続を求めてこの請願書が出された。
高知県立図書館所蔵

議会のころから、自由党系の政党を支える運動をおこなう地方政治家で、小作労働に汗を流す人々を助け守ろうと、これにかかわる多くの政治運動に取り組みました。

二人は、土佐で脈々と生きつづけた権力に抵抗する反骨的な精神の典型的な人たちでした。

松尾冨功禄　弘瀬重正

3　「永代小作権」の存続を勝ち取る

「永代小作権」をはさんで、絶大な国家権力を持つ明治政府を相手に土佐人が激突する構図になりました。

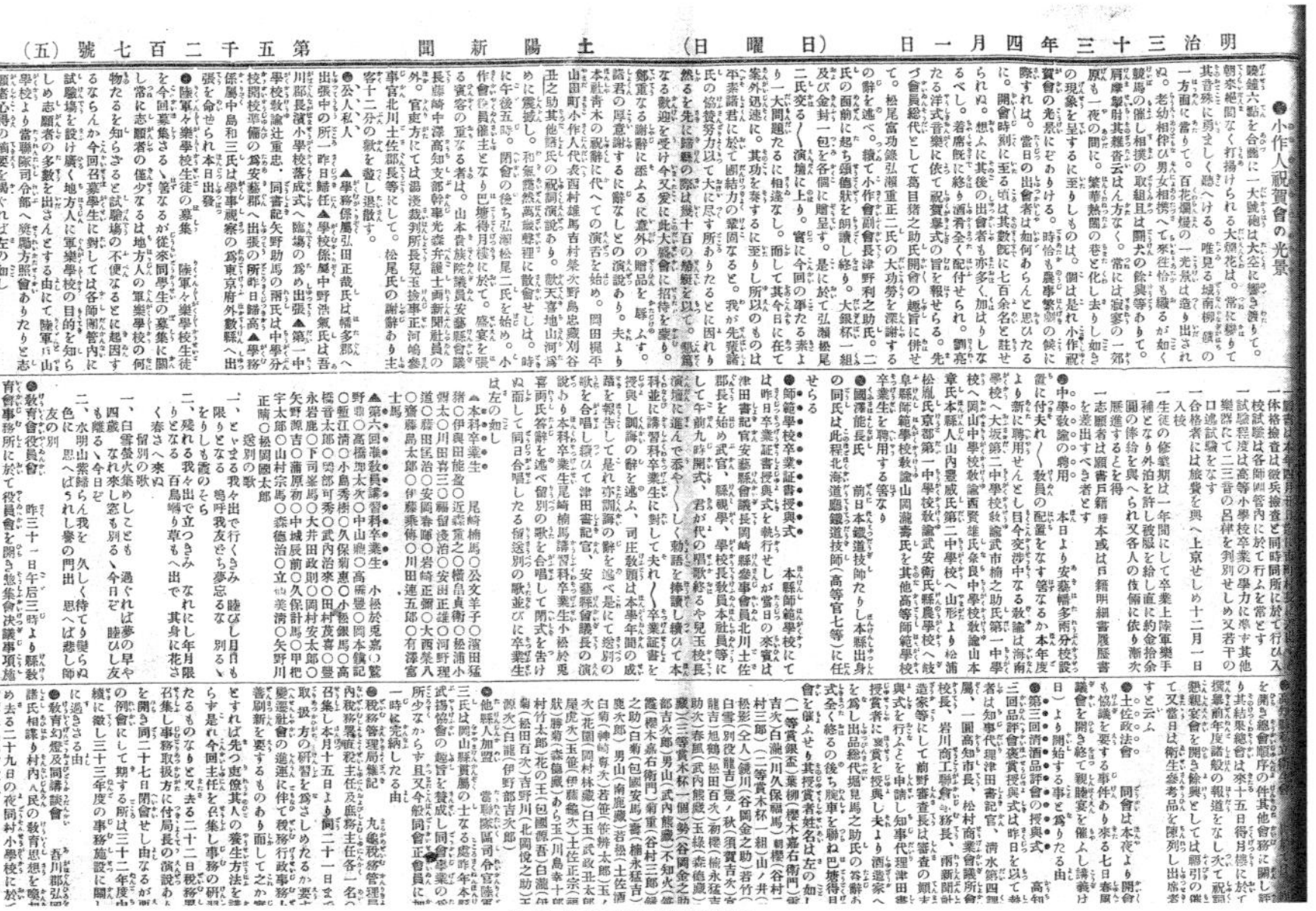
明治三十三年四月一日（日曜日）　土陽新聞　第五千二百七號（五）

●小作人祝賀會の光景

永代小作権存続祝賀会

永代小作権の存続を明治新政府から勝ち取った記念祝賀会が開催され、その様子が土陽新聞に掲載された。

明治33年4月1日　土陽新聞掲載記事　高知県立図書館所蔵

永代小作人たちは、古き江戸時代から地主に代わって公租公課の税金を応分に負担してきた長い実績と伝統がありました。明治元年（1868）の会津戦争の戦費調達のときにも、土佐藩は行政による公法上の布達令として、納税額は地主が4歩、永代小作人は6歩とするように通達発布しました。この納税は決して善意によるあたたかい寄付などではなく、統治権限者である行政当局が法的根拠にもとづいて永代小作人を「納税義務者」として、つまり単なる賃借人ではなく実質的な土地所有権者として扱ってきたという事実を証明するものです。

また、土佐藩主の山内侯爵は明治30年（1897）に高知県道路敷地の政府による用地買収のとき、土地売却代金の3割は自分が地主として収得し、7割を永代小作人に分配しています。※21 土佐の社会総意では「永代小作権」は単なる借地ではなく、まさに正当な「分割所有権」であり、ローマ法やゲルマン法上の解釈においても「物権」としての公法上における所有権と同種だったのです。

土佐人は明治政府に強く訴えます。「永代小作権」は土佐の歴史風土で大事にはぐくみ育てられ、一般大衆の積極的な社会参加によって完結した民意総意の法秩序であり、ほとんどの近代国家が採用し、かつ尊重されている誰も立ち入って批判できない「慣習法」として認められるべきである、と。その声はしだいに大きくなり、猛烈な政治活動となってゆきました。

書面上の契約だけでも、土佐のおよそ半分以上の小作地に設定された「永代小作権」の利害関係者は膨大と言わざるを得ず、不満はますます激しくなり、もはや地方の紛争として高知県だけの力では手がつけられない騒然とした状態になります。

立ち上がった松尾富功祿、弘瀬重正の二人は明治31年（１８９８）9月上旬、高知市下知地区の多賀教会事務所（現在の高知市宝永町・多賀神社）で、長宗我部一族の家系を継ぐ者など合計約50人が参加し、松尾を会長、弘瀬を副会長に選び「高知県永代小作権設定同盟会」を結成、香美郡、長岡郡、土佐郡など高知全県下で署名活動を展開します。※22

松尾と弘瀬は上京し、法曹界の権威であった土方寧三、梅謙次郎、富井政章らの法学者に意見を求めました。富井は、高知県だけの特殊な事情で民法典の体系に影響が出る法律改正などはできないと主張。一方、土方、梅の両者は、高知県の伝統的な慣習法として理解を示し、ほぼ同調する主張となり、法曹界も二つに分かれます。さらに、松尾、弘瀬は貴族院と衆議院の政治家幹部などに陳情を根気よくかさね、徹底抗戦の迫力で猛烈な説得と政界工作を展開しました。

これら松尾、弘瀬の活動のほとんどは自費で行われ、二人の情熱と迫力ある説得で、とうとう明治32年2月、「民法施行法第47条第3項」の修正案として「民法施行中追加法律案」を貴族院、衆議院の両院で通過せしめ、「永代小作権の消滅阻止」を勝ち取ったのでした。※23

近世260年間の長い風土と歴史の中で熟成した「自由の尊重」は、土佐風土の本質そのものであり、強大な権力に平気で立ち向かう「反骨の精神」は走り出したらもう止まることはありませんでした。

4　日本国も認めた「所有権」

一度は終息していた土佐の「永代小作権」の問題が、大正15年（1926）、200円未満の自作農家に対して地租（税金）を免除するという若槻内閣による地租条例改正案の提出をきっかけに、再びクローズアップすることになりました。

高知県の「永代小作地」は永代小作人が耕作し、公租公課の税金を今まで話し合いで負担してきた長い経過があり、地主に代わり全額を支払っていた例がほとんどだったのです。

この条例改正は、今日までの過酷な税負担に少しでも埋め合わせをするため、納税者に一定の税額を免除することが目的でした。しかしこのままでは、永代小作人は名義上の所有者ではないという理由で何の恩典も受けられず、実質的に納税義務を果たしてこなかった名目上の所有権者である地主だけが利得にあずかることになり、不条理を招くことになります。ここで高知県の永代小作権の特異性がまたも問題となり、波紋を広げる事態となったのです。

この頃になって、やっと一般社会や法曹界でも高知県における「永代小作権」の問題が正しく理解されるようになり、そもそも名目上の地主だけに「地券状」を発行した政府の失策が始まりではないかと法曹界でも大きな議論となり、世間からも非難の声が高まり、注目される社会問題となってゆきました。

そこで大蔵省税務監督局が本格的な調査を開始することになるのですが、このときまた立ち上がった人物がいました。長岡郡長岡村(現在の南国市)出身の、反骨の政治家で知られる大石大(1878〜1966)です。

彼は、実際に勤労の鍬《くわ》を大地にきざみ、汗を流して耕作し、今日まで国土を保全しながら自助努力の苦しさをかさね、農業に取り組んできた小作人たちの功績や立場を応援しました。

土佐の「永代小作権」の有する慣習法としての法的妥当性や法源的正当性を説き、税制整理委員会に対して伝統的な慣習法として実体社会で機能しながら、高知県で歴史的に引き継がれてきた経過など情熱をもって説得し、「永代小作権」を名実ともに堂々たる「所有権」にするための運動に政治生命をかけて取り組んだのです。

その結果、大正15年(1926)、「法律第47号」として再び「永代小作権」に関する新しい法律が公布され、日本国政府に完全な「所有権」として認めさせるに至りました。

「永代小作権」の設定当時から今日まで、地租(税金)を負担することをお互いが決め、それを実行してきた永代小作人はその土地の所有権者とみなす、とされました。

これは、日本国政府の統一的なグローバリズム(Globalism)という覇権力に喰《く》らいつき、そのどてっ腹に強制変更という風穴をあけ、ローカリズム(Localism)という土着精神が勝利した瞬間でもありました。

さらに、日本民族の地方に発祥した誇り高い法律論が西洋列強国からそっくり輸入しただけの形式的な法律論のあり方に、正面から一石を投じることになったのでした。大石は権威や権力に正面からいどみ、一歩もひかず、自分の信じる理念と情熱で自由に行動する「土佐精神」の輝きを放った人物列伝の一人と言えます。

その後も「永代小作権」を独立した所有権として、さらに明文化して完成度を高めることをめざす大石の独立した所有権の条文制定化運動は続き、昭和15年(1940)、第二次世界大戦勃発《ぼっぱつ》の前年まで、ひとりで懸命に戦う犠牲的な努力が払われます。

その後、世界政治の混迷と動乱期への突入による第二次世界大戦によって、条文制定化運動はやむなく中断を余儀なくされます。

しかし、敗戦後の占領下で、公職追放、農地改革、労働の民主化など大きな社会変革と複雑にからみ合う多くのこみ入った戦後復興をへて今日にいたる中、土佐の「永代小作権」は光を放ち現在の民法典に見事に残ったのです。

土佐における村落社会の古き人間群の原風景であった「よろこびと悲しみを等しく分割して所有する」という「永代小作権」がみちびこうとした原理、すなわち、国の人口のおよそ8割以上を構成する圧倒多数の大衆と呼ばれる人たちの情熱がかかげた土佐の「人間宣言」は敗戦後の動乱を生きつづけたのです。

民法第二編　物権　第五章

民法　第二百七十二条

（原条文）

「永小作人ハ其権利ヲ他人ニ譲渡シ又ハ其ノ権利ノ存続期間内ニ於テ耕作若クハ牧畜ノ為メ土地ヲ賃貸スルコトヲ得　但設定行為ヲ以テ之ヲ禁シタルトキハ此限ニ在ラス」

「小作人は、その権利を他人に譲渡し、またはその権利の存続期間において耕作もしくは牧畜のため、土地を賃貸することができる。ただし、売買や賃貸することを、前もって、地主と小作人がその行為を禁止するというお互いの合意で取り決めたときは、この限りではない」

大石　大（写真左、向かって右端）

高知県長岡郡長岡村（現在の南国市）に生まれる。永代小作権の事情に精通し努力した高知県選出の国会議員。永代小作権を明確な所有権とみなす運動に政治生命を賭けた。現在の民法272条の生みの親ともいえる。高知県南国市役所敷地に銅像が残る。

新田開発による「永代小作権」と「加地子米収得権」の果たした日本史上の歴史的意義は、人間にとって幸せに生きる意味を正面から見つめ、けっして異邦人の模倣ではなく、日本民族の一つの思想体系として「生命、財産、自由、対等」という人類の普遍的な権利を、覇権力と闘い守り続けようとする不屈の民衆を育て、「自由、対等」の精神性を永遠に続くであろう幸せを求める心の旅人たちへのメッセージとして、現在の民法272条に間違いなく刻《きざ》んだことにあります。

八、自由、対等、反骨の精神は今に引き継がれた

1　再軍備に反対した吉田茂

江戸時代の幕藩体制下にかかわらず、決して山内土佐藩の封建権力に一元化されない社会の成立、それは新しい勢力として、ひたすら経済力をつけ台頭してくる郷士たちによって引き起こされました。

すなわち「封建性」と「近代性」という封建制度下における奇妙な二極構造とも言えます。

「永代小作権」や「加地子米収得権」というあくまで独立した個人に属する「個人的な権利」の一人歩きによって、それまで固定されていた村落共同体や古い慣習や制約から解放され始めた「新しい動き」、それは長宗我部系の郷士たちやその周辺だけにとどまらず、宝暦年間以降における新田開発への一般庶民の自由参加によって、「永代小作権」や「加地子米収得権」は以前に増し一層さかんに売買されました。

新しい参入によってふくれあがる「新しい大衆」という大きなかたまりが、自由への解放と新時代への変容をさらに加速させてゆくことになります。もはや、土佐藩という弱腰政府の非完結的な構造や「弱い者を喰いものにしようとする」古い制度から、「自由、対等」「権力への反骨精神」を正面に高くかかげた自由なる群像たちがぞくぞく生まれ、新しい未知なる世界へ向かうことになります。

このような近世・江戸時代から引き継がれた思想的な潮流は、やがて敗戦後の吉田茂総理大臣の骨格にも引き継がれ、組織権力による暴走の悪夢を防ぐ再軍備反対の思想につながり、覇権力に堂々と正面から反骨する「自由、対等」の尊厳につながりました。

もともと土佐の民衆がかかげた庶民が幸せに生きてゆく権利、これはあくまで庶民を中心とした民生主義を優先するいわば「小さな政府」を求めることであり、権力の威圧に抵抗する反骨の岩盤に打ち立てられた吉田茂の強力な主張につながってゆきました。

アメリカ連合軍の権力であれ、おどしであれ、一度決めたら一歩もひかない頑固《がんこ》な態度。それは、人間の自由を無視した戦場への強制ではなく、民衆の自由志願による今日の自衛隊や近代国家の中で唯一「覇権的な軍事力」を持たない、つまり「戦力なき軍隊」をみちびき、ソビエト共産国にそなえるためにアメリカのダレス国務長官が強力にせまった日本の再軍備増強の要求も断固はねつけました。

総理大臣吉田茂は未来の集団的防衛構想という知略《ちりゃく》の打算に裏打ちされた、したたかな知性でマッカーサー元帥らアングロサクソンたちと堂々と対等の立場で、時には激しく対立しながら、現代につながる民生主義、民生経済に特化した自由国家の基礎づくりにみちびいたのです。

明治政府による自由民権運動の激しい弾圧の中、民衆の自由なる権利を叫び、板垣退助と共に納得のいかない国家の覇権力、いわば「権力の偽装」と闘い続けた竹内綱を実父に持つ吉田茂の骨格は、やはり関ケ原の戦い以降から土佐人に引きつがれてきた容認できない権力に心から抵抗する「土佐精神」というレジスタンス精神でつらぬかれていると言えます。

近代をみちびいた商人郷士・坂本龍馬の型やぶりな創造性、経済の雄として三菱王国をつくり上げた岩崎弥太郎の他を圧倒する世間の常識にとらわれない自由な精神性、これら多くの愉快な人物たちをことごとく、はぐくみ育てた土佐の「自由、対等」の精神性は、戦後占領軍の将校たちの間で頑固親爺《がんこおやじ》(stubborn and obstinate)と呼ばれ、イギリス外交官時代にジェントリー層のしたたかな真骨頂《しんこっちょう》やアングロサクソンたちの何たるを知りつくしていた吉田茂元総理大臣と共に再び日本の現代史に態度のでかい、大きな顔を出して登場したのでした。

過ぎ行く時代の流れの中で、新しい未来に向かった維新の夜明け前、その時語られた日本国家の未来展望、そしておろかで露骨な覇権主義の後始末、これら戦後再建期における日本国家のあるべき未来展望、いずれもその原型は近世土佐で普及した「自由、対等」の尊厳という潮流の中にいつも顔をのぞかせ現れていました。

その意味で、「自由、対等」の尊重をみちびいた母なる起源である「永代小作権」が理想とする哲学原理は、単に地方史に存在した過ぎ去り忘れられる思想的断片ではなく、近世、近代、そして現代へと、つねに日本のあるべき方向をその内に秘めていたのでした。

日本史上の把握《はあく》において、近世期における土佐の地方史は違った視点が求められる学術的意味がここにあります。

2 「いろは丸事件」に見る坂本龍馬と郷士の思想

東アジアの小さな島で、お互い日本人どうしが争った「徳川幕府」と「官軍」たち。この時そもそも人間は自由、対等であるという「永代小作権」の思想体系を誰にも分かりやすく、言葉ではなく行動して見せ、雄弁《ゆうべん》に説明したのは土佐の郷士・坂本龍馬でした。

慶應3年(1867)4月23日、土佐海援隊の「いろは丸」と紀州藩の汽船「明光丸」が衝突する事件が起きました。「いろは丸」は大きな損害を受け、土佐藩は補償を求めて交渉するのですが、紀州藩は徳川御三家であり、圧倒的に強い立場です。

一方、土佐藩は地方の弱小大名で、交渉がうまく進みません。もともと封建的格式が違う江戸時代の階級社会では大きな格差があったのです。

一向に解決の糸口がみえず、いらだった土佐の海援隊員数人が紀州藩の人たちを切り殺しに行こうとします。龍馬はそれをなだめ、たとえ腰抜けと非難されても気にせず、あくまで事故として海難裁判という国際法の制度や仕組みを利用しようとします。法が支配する損害賠償を争う裁判では、お互いが対等に「法」という「魔法の言葉」からの恩恵と拒否できない拘束力を受けるのです。結局、「衝突事件」は8万3、000両の賠償金を紀州藩が支払うことで決着しますが、このときの龍馬の行動から、土佐の自由郷士たちが信条とした「永代小作権」の基本原理、つまり「強い立場で弱い者を圧倒しようとする」実力主義や覇権主義ではなく、小さかった「いろは丸」の船にくらべ紀州藩の船はおよそ5倍という大きな船であり、お互い「自由、対等」というあくまで相手を尊重するヒューマニズムのゆとりを、紀州藩に対して暗黙に強制しています。

たとえ意見や考えが違っても、いつも相手の立場に立って考える機能的な仕組みづくりに知性を集中させる「永代小作権」の中心原理を、龍馬はさらに舞台を拡げ、誰にも分かるように、みずから実際に行動してつぎの場面でも説明しています。

明治維新の夜明けには、薩摩・長州に戦いを前提とする軍事同盟の火を最初につけておき、そのあと武力衝突という内乱の大火事を消すため全力をつくし裏で徳川幕府に大政奉還をすすめます。

ぐずぐずしている間に、すぐそこまで忍びよる先進列強国が、内乱という「ごちそう」が提供してくれるおいしい「利害の味」を楽しみに、じっとよだれをたらし待っているのです。

このとき、龍馬は決して相手の存在を否定せず、お互い対等である日本人同士の流

坂本龍馬

商家・才谷屋の血統である坂本家が郷士株を買取り郷士身分となる。譲受郷士の家柄である坂本家が龍馬の身分となる。江戸時代の幕末に薩摩・長州の「薩長同盟」をみちびき、その後、徳川幕府に大政奉還をうながす。京都で暗殺されるが犯人はいまだ不明。フランス革命でのロベスピエールや平等をとなえたバブーフと同じ運命のように主権国家の強力な覇権確立に阻害要因として指導者層に抹殺されたとする説もある。

血を避け、事変を一挙に打開する中央突破の強行によって、日本史が大きく動き結果的に大きな「社会的な富」を生み出す方向へ計画通り誘導してゆきます。

この型破りに見える技巧的な龍馬のテクニック、これは権力への無言の反骨で抵抗し、約200年以上にわたっておいしい味を吸いつくした郷士たちが身につけた、山内土佐藩に対するしたたかに打算された巧妙な手口の一つであり、郷士の末裔《まつえい》である坂本龍馬は見事にその発想を引きついでいるのです。

郷士・坂本龍馬は、後世に語るもったいぶった理論体系は何も残していません。特に博学知識の天才でもなければ、世界事情を研究した偉大な学者でもありません。

むしろ手紙文でも教養の基本である「を」と「お」の助詞を取り違えたり、姉への手紙で自分のかざらない気持ちをダイレクトに言葉をつなげ伝えたり、龍馬は表面を化粧でなぞっただけの平面的な学問より、相手から伝わる感動や言葉のアクセントから知性の語る真実のことばを読み解き、うそと秘密でつつまれた虚飾や偽装を徹底的に排除して、すべてありのままを、できるだけそのまま受け取ろうとします。

つまり、暗記を主体とする「単なる情報や知識」の完結で終わるのではなく、情報や知識の整理がさらに発展して熟成される本当の知性（インテリジェンス）を理解できる才能があったのです。

新しい価値や創造性を生みだす「知性」が語る本音の言葉を学び、暗殺まで考えておきながら勝海舟の話を聞くなり態度を変え、すぐ弟子に入るという、つまらない固定的イデオロギーにまるで支配されない根源的な「自由の尊厳」、質の高い「知性」が触発する「自由な発想」を大空に向かって発揮してゆきます。

結果が重要な経済分野で台頭し、近代合理主義の洗礼《せんれい》を受けた近世の土佐郷士たち、この先輩郷士たちから間違いなく引き継いだと思われる「永代小作権」を構成する精神要件の本質や、愉快な豪傑《ごうけつ》たちに共通するしたたかな打算を身につけ、他人の評価を気にせず我が道を自由に楽しく生き、化粧した学識や権威にふりまわされることなく、飾らない自然なふるまいで、より多くの人々に幸せをもたらす社会観を信条として努力する土佐郷士の思想的傾向を坂本龍馬は分かりやすく説明しています。

3　一つの夢に賭けた後藤象二郎

「永代小作権」の中心軸であった「自由、対等」の尊厳をベースに、誰もが努力しだいで金持ちになることができ、誰もが郷士株を買って郷士身分になれるという、実質的な「市民革命」がすでに進行していた土佐の国。ヨーロッパでの埋めがたい貧富の格差など、現実には一部の人々だけに恩恵がある「たて前」だけの「自由、平等」とは違い、土佐の国では、郷士たちと下層農民の政治的連帯をきっかけに、一般大衆をはじめあらゆる階層まで広くまき込み、くりひろげる「自由、対等」の気風はさらなる自由の大空へ向かいます。

国際法によって誰もが自由に航行できる公海上での活躍を夢見た海援隊、これを指揮した郷士・坂本龍馬は大きな自由市場を求め、民衆たちを主人公とする重商主義的国家をめざす総合商社・亀山社中の設立へと動きます。

その途上、坂本龍馬が京都で倒れると、そのあとを引き継ぐために土佐藩最後の家老・後藤象二郎が動きます。後藤象二郎は廃藩置県の公布の日、「個人的な判断」によって、土佐藩所有の公有財産である、汽船6隻、曳船2隻、庫船、帆船、脚船それぞれ1隻、合計11隻、それに土佐商会など龍馬のすべての活動成果を、地下人《じげにん》身分からはい上がる岩崎弥太郎個人に無償で与えました。

その莫大な財産だけでなく、外債借金およそ30万両も一緒に無償で払い下げ、土佐の将来、貿易国・日本の未来を岩崎弥太郎に託《たく》したのです。

この日、後藤象二郎によって国産方、勧業方の関係書類はすべて、高知の鏡川河原で焼き捨てられました。もはやここにはつまらない身分や階級に関係なく土佐藩士も郷士もないみんな互いに「自由、対等」の基調を内面にもち自分の思うまま行動する自由な生き方は武士階層の象徴である家老職の後藤象二郎の行動にもはっきり現れています。

ここに権力としたたかに闘いながら、自分に向けられる批判や制裁を気にせず、どこまでも解放された自由な生き方、近世後期にぞくぞく台頭した「新しい民衆たちの登場」という土佐の風土的精神が、みごとに花ひらききらめいた、地方史の新しい風を我々はありありと見ることができます。

のちに成立する三菱企業グループの起源は後藤象二郎の暴挙にあり、土佐一国の公共財産ほとんどを投資することでベンチャー企業・三菱が生まれたのです。

言いかえると、庶民の年貢や公租公課で成り立つ土佐藩の公有財産が現在の三菱王国の設立資本のすべてであり、その設立趣旨は土佐の「自由、対等」が基底となっていると言えるでしょう。

その意味では、いわば土佐人全員が三菱企業グループの出資者であり、株主と言うことができるかもしれません。

後藤象二郎は、アメリカで長く暮らしたジョン万次郎から伝え聞く札入《ふだい》れで大統領をえらぶ話から、自由国家に想いを馳《は》せ、自由貿易によって庶民の民生を豊かにする重商主義的な方向に、日本のあるべき姿をとらえ、土佐が自由な貿易をめざす未来の予想図をはっきり描いていたと言えます。つまり、坂本龍馬と愉快な豪傑たちと同じ精神的内面を共有しながら時代を熱いまなざしで、じっとみつめていたのです。

一国の公共財を一つの夢に託すという世界でも例が少ない後藤象二郎が選択した「愉快な暴挙」、土佐の地域風土の特徴である自分の考えに信念に近い思い込みで大胆に行動するあたかもイギリスにおけるジェントリー層や中国江南デルタから飛翔した華僑のように、世界を視野に入れ、まるでヨーロッパ列強国が新しい世界史を切り開くことになる大航海時代に活躍する風に乗った冒険者たちを頭に描いていたかのような動きと言えます。

おわりに

これまで、土佐の自由な生き方にかかわる「自由、対等」の由来について、江戸初期にはじまる「永代小作権」を中心に土佐の大衆が歩んだはるかな長い旅路をふり返ってきました。

ここで誤解をおそれず言うならば、結局のところ明治に向かった土佐の国と薩摩・長州の国とは、象徴としての帝《みかど》のあり方はともかくとして、現実的な社会秩序の構築に必要な、国民のあり方やその理想について、決定的に大きな違いがありました。

すでに土佐では他人から自分に向けられる名誉の拍手や非難の罵倒《ばとう》を気にせず、自由に発想し、自由に決定し、自由に行動するというぼんやりした「権利と義務」を背景とする個人における自由な気風が普及し、「新しい個人」、いわば現代人にほぼ近い内面が定着しようとしていたのです。

もはや、花鳥風月の舟に生涯を浮かべ和歌を詠《よ》んだ公家衆も、たてがみをなびかせ馬上に武勇《ぶゆう》の人生を駆け抜けた武家たちも、はるか遠い歴史のかなたに百代の過客《かきゃく》として旅立ち、すでに長宗我部家も山内家もなく、土佐の地方史においては特権的階層の「覇権による権威」の時代は遠く過ぎ去り、もはや誰もが自由に生きる、そのことを実際に夢見ることができ、個人の主張を世間が容認する豊かな精神社会があったのです。

強大な覇権力を背景に、神聖なる権威と称して都合のよい理屈《りくつ》を並べ、手をかえ、品をかえ、社会的に弱い者を喰いものにしようとする世界観ではなく、土佐では人間を区別する経済的な格差や社会的な差別を脱し、お互いが相互依存の関係で、誰もが幸せになれる、そんな世の中を理想とする考え方が輪郭をもって庶民の内面に浸透しており、お互いが対等の立場で「よろこびや悲しみ」を共に分割して所有する市民社会が登場していたのです。

モンテスキューの『法の精神』(1748年)もルソーの『社会契約論』(1762年)もまだ世に生まれていない17世紀の中期。すでに土佐では世界に先がけ「自由、対等」が現れていたのです。

このような文化的な地域特性が定着した背景には、やはり土佐の「永代小作権」の周辺哲学がみちびいた人間尊重の思想傾向が強く影響していると言うことができます。

お互いの自由を尊重し、楽しく暮らそうとする土佐の風土的な地域特性が強調される場面、たとえば皿鉢《さはち》という大きな皿に盛られた寿司や魚、いわば「富の分配」を身分や立場に関係なく、座る位置はいつも自由、勝って気ままにみんなで人生をかこみ、酒を楽しむ飲酒天国、「臆病な犬ほどよく吠《ほ》える」強い犬は決して吠えないという威厳の風格をしめす、いわば一つの権威のあり方に通じる闘犬愛護思想、また武家の権力でかってに「上から決めた」形式美、その狩野派からいち早く脱し、大衆の本音の心情に「意味」を発見する弘瀬金蔵という絵金の今までなかった自由表現にみる新しい価値の創造、さらに、自由な精神世界があればこそ、ぞくぞく生まれる奇想天外な世界観やそこから飛翔《ひしょう》する漫画という空想領域に踏み出す土佐の人材資源の尽《つ》きない輩出など、これら土佐に発祥する自由民権運動の高揚もふくめ、日本全国になくて土佐だけにきわだって偏在《へんざい》するこれらの起源や由来は、やはり「永代小作権」が大衆の心に熟成した豊かな「自由、対等」のヒューマニズムやゆとりの気持ちが生みだす精神性がみちびいたものだと言えるでしょう。

そもそも農耕のはじまりは「土地の発見」でした。それまでぼんやりながめていた博物誌の原野が「富」に変わったころから、人類にとってやっかいな時代が始まります。強い者が弱い者を喰いものにする「覇権の誕生」、これは農耕をさかいにして始まりました。気楽に移動する自由な生き方をあきらめ、窮屈な場所で定住を余儀なくされ、作為や規範をつくって人間のあいだに優劣や格差をつける社会の誕生、これを人類は「文明の発達」と呼んでいます。

輝く草原に境界をつくり、夕陽に染まる大地に国境を築き、山を越え海を渡り、1492年のコロンブスのアメリカ大陸発見以来、急速に先鋭化する大航海時代と呼ばれるおよそ400年間にわたる土地をめぐって争う植民地略奪という泥棒物語から世界は文化人類学的な悲しみと深い傷あとを知りました。

他国と覇権を争い領土を所有し、富の支配、富の所有をめぐって争う魔法の言葉、いわば「所有権」をめぐる歴史の中で、土佐の「永代小作権」という「分割所有権」が我々に語ろうとうるもの。

人類にとって永遠に続くであろう幸せを求める心の旅路、世界の知性がいまだ求めてやまない人類の幸せな生き方について、土佐で発祥し、土佐で検証された「よろこびと悲しみ」の「分割所有論」は、我々に強く語りかけています。

高度な情報社会の加速化により、あらゆる分野で予想以上に世界のフラット化(平準化)は進み、今や世界のどこにもフロンティアは見あたりません、もはや人類史観上からこれまでと違った、つまり「進歩や発展」だけにかぎらない新しい世界史の登場を迎えようとしているのではないでしょうか。

世界に分布するあらゆる特徴をもつイデオロギー的な対立を離れ、現実生活にうまく機能する、平和的な相互関係を模索するため、世界の知性は新しい哲学の準備と用意を迫られています。

これまで見てきたように、土佐に発祥して江戸時代約200年以上の時間をかけ検証と充分な吟味で成立し、大衆間で合意形成(qualified consensus)された「永代小作権」の思想が暗示する内容は、世界にとって、未来の知性(インテリジェンス)のあり方とその方向に貢献できる大きな可能性を秘めているのではないかと思います。

―― 注　釈 ――

1)永小作権

本書で説明している永代小作権のことを高知県では、一般に永小作権、または、永小作《えいこさく》、古くは「永代宛り《えいだいあたり》」、「盛り控え」などと呼び、永小作人を「上ワ土持ち」、その地主を「底土持ち」などと呼んだ。永小作人（永代小作人）の地主に対する関係は、普通の小作人とは違い、小作料（加地子）は豊作、凶作にかかわらず一定であり、特別に低い。永小作の権利について相続はもとより、譲渡することも可能で、また賃貸（又小作）して小作料（孫加地子）を収得できた。地主へ小作料を納める義務はあるものの、永小作の権利（永小作権）は事実上所有権に近く、公租公課なども永小作人（永代小作人）が直接負担するのが普通だった。

参考文献　『高知県百科事典』関田英里監修（高知新聞社　１９７６年）

明治31年の司法省の「永小作」に関する調査記録によると、高知県で約8、０００町歩の面積が確認され、大正15年に行われた大蔵省税務監督局の分布調査では、その存在が約7、５００町歩確認されている。その後減少したが、土佐の永小作（永代小作権）に類似する全国の「永小作」の契約は、高知県を除いて日本全国で合計約2、５００町歩存在したが、特別な場合は除き一般的にほとんどは地主に許可なく売買できず、また公然と転貸できなかった。つまり比較的長い期間の耕作権を意味し、単純な賃借権に過ぎず、永遠に土地を完全支配できた土佐の永小作（永代小作権）とは法学上の性格が違っていた。

「永小作権の全国分布と高知県との比較」

明治31年　高知県　約8、500町歩

大正15年　高知県　約7、500町歩

日本全国（高知県除く）　約2、500町歩

参考文献　『世態調査資料第32号』「大蔵省税務監督局調査」高知地方裁判所同検事局司法省調査部　1941年

土佐の永小作（永代小作権）は、その後、明治、大正、昭和の紆余曲折を経て、さらに第二次世界大戦の敗戦後における農地改革で整理が進み、現在の民法第272条以降の永小作権に関する条文に集約されている。

「永小作」（永代小作権）が所有権かどうかについて考える時、「所有権」の法的理論に関して、川島武宜氏は著書『所有権法の理論』（川島武宜著作集 第7巻 154頁 岩波書店 1981年）で、所有権の商品性、誰もが所有できるという所有権の主体としての統一性、そして流通商品として中身が変わらぬ客体としての統一性についてふみ込んだ論述がある。さらに同著343〜348頁では、ゲルマン法の二重所有権、すなわち上級所有権と下級所有権については「利用」（Nuts）の概念を用い、現実的支配と観念的支配について触れている。

2）郷士

江戸時代、郷村在住武士と総称。城下町に住む家中武士に対する。藩士としての郷士、土豪などの旧家郷士、献金などによる取立て郷士などがあった。薩摩藩の外城家中、土佐

藩の一領具足などは有名。薩摩藩の郷士は村役人を兼ね、村落支配のかなめとなっていた。江戸後期には献金郷士も各地に成立。城下士より低い身分とされていたが、生産に直結して富力をたくわえた者が多い。1872(明治5)年、太政官布告により士族身分を与えられた。

『日本史辞典』高柳光寿・竹内理三編(角川書店 1966年)

江戸時代の武士は城下町に居住することを原則としていたが、農村居住を原則としながら百姓ではなく、しかも武士的身分を与えられていた者が全国的に少なからず存在しており、これらを郷士と総称する。しかし、城下町に居住すべき正規の武士でありながら、一時的に郷村に居住している者、また大藩の陪臣で主人の知行地に住んでいる者などは郷士と言わない。郷士は正規の武士より一段低い身分ではあったが、農民よりは上位の身分で、領内支配のかなめとなる場合もあった。

郷士にはさまざまな種類があり類型化は容易ではないが、大きくは①旧族郷士、②取立郷士に分けられる。旧族郷士は、元来は正規の武士になるべきものが、近世初頭あるいは、その後になんらかの事情により郷士となったもので、薩摩藩の外城衆、土佐藩の郷士、津藩や近江甲賀郡の無足人、十津川郷士などが知られている。日向延岡藩の小侍・郷足軽もこれにあたる。取立郷士の種類はさまざまだが、多額の献金や新田開発などの功により郷士の格を与えられたものである。一藩内において旧族郷士と取立郷士が混在している場合も少なくない。薩摩藩や土佐藩の郷士は若干の給地(無年貢地)を受け、それに百姓(年貢地)を加えて農業を営み、かつ軍役を負担する者が多いが、こうした性格の郷士を基準型とすることができよう。このような郷士のほか、給地がごく少なく身分的にもあまり高いとは思われない者(延岡藩の小侍や郷足軽)、給地・給米のない者(無足人)、軍役を負担しない者(十津川郷士)など、その性格はさまざまである。

土佐藩における郷士の成立は、1600年(慶長5)新藩主山内氏入封時における、旧国主・長宗我部氏家臣団の積極的・消極的抵抗に端を発している。山内氏は彼らを懐柔するため1613年に長宗我部氏遺臣の中からいわゆる慶長郷士を登用した。その後、百人衆郷士、百人衆並郷士を取り立てた。これらはいずれも旧族郷士である。下って1763年(宝暦13)に幡多郷士、1822年(文政5)に仁井田・窪川郷士を取り立てたが、これらは新田開発による取立郷士である。また他譲郷士と言って、郷士身分を他から譲り受けるようなこともしだいに広まった。

日向延岡藩の小侍、郷足軽の起源は明らかではないが、1747年(延享4)入封した内藤氏は前藩主牧野氏からこの制度を引き継いだ。この年、延岡藩には小侍49名・足軽93名がおり、各村に散在していた。彼らは藩境の番所の番人や藩の下級地方役人として活動した。彼らの給地は多くは1石程度であった。1872年(明治5)、太政官布告により郷士の多くは士族となった。

参考文献　『日本史大辞典』　下中弘編集(平凡社　1993年)
『郷士制度の研究』小野武夫(大岡山書店　1925年)

〈土佐の後期郷士について〉

後期郷士と前期郷士との違いは、慶長郷士に代表されるように、郷士取り立ての基準はその家格、いわゆる名字帯刀が歴代許された秦氏遺臣中の名家の子孫や、秦氏の流れを汲むことを証明する書状等を形式要件としたが、「百人衆郷士」のように取り立てに対する申込数が多く、その後、郷士枠を増やし取り立てを行ったものもあった。いずれにしても、郷士としての領知は基本的に新田開発により自ら開扣(開墾)した土地で、その俸禄として知行権を与えることが原則であった。

しかし土佐藩においては、在郷土着にあって農業を営む又は地主を営む外形的には百姓でありながら、明確に士格を持った士分という分類に属するのである。自称郷士ではなく、藩に郷士職として召出された者であり、機能的集団の中で明確な機能を有する郷士が土佐における郷士である。しかし土佐藩の藩士は何らかの理由で解雇された時は直ちに「浪人」と称されるのに比べ、郷士職を解雇された場合は「地下人」と称されるなど、正規の武士と差異をつけている。現実的には土佐藩制度上では、郷士の列座格式などは譜代の藩士に準ずるもので、武士という点ではなんら変わるところがなく、郷士の職分俸禄は藩士の「家禄」に対して「領知」と呼び、耕作地からの収穫で一定の物成収納権を公法的観念から藩に公認されていた。一般の農民から見れば、藩士も郷士も公的権威の主体であり、その意味では郷士は確実に武士の範疇に入り、曖昧な土豪的な有力土民の存在ではない。

参考文献　松好貞夫「土佐藩の郷士制度と新田」(土佐史談第46号　１９３４年)

郷士の存在は、その軍備的、武闘的機能として土佐藩における存在根拠が明確にあった。徳川時代から明治の時代まで、東西約400㎞に及ぶ地形を有する土佐藩では、沿岸防備上に郷士の存在根拠は見出すことができる。郷士の農民的側面から見ると、「山野砂澤渾て不毛の地の開墾を許し、其地三拾石物成米九石開き得る時は、其功を賞し此に郷士と云ふ格を名けて領知」(『土佐國地方習慣手引草』)とあるように、郷士の俸禄は荒れた山野を自ら開墾し、その土地からの収穫の物成米であり、その根拠は藩から公認された開発所有地を三町歩に範囲とする物成収納権であり、比べて藩士の俸禄はあくまでも「本田」からの家禄であり、その財政根拠の相違は明確であった。郷士は開発した土地を「底地」と呼び、原則その土地からの生産米を独占でき、一部は公的収入、他の一部は私的収入であり、下請けさせる場合は小作料が徴収できた。

土佐藩の武士階級は、士格、準士格、軽格のおよそ三種類に分類でき、家老から留守居組末子までの譜代の武士が士格に相当し、與力、騎馬、郷士は武士に準ずる者として準士格とされ、軽格はおもに「用人類」のことであり、一段低い身分階層であることを意味した。百人衆郷士の制度が定着した正保2年(1645)頃からやがて「臣列八段の間」で藩主に謁見を許されるようになり、郷士身分は時代経過によって複雑だが、およそこの頃を境として実質的に郷士も準士格が正式に公認され、身分もほぼ固定されるようになったと考えられる。

郷士の起用については、まず初期郷士たちは民心動揺の緩和、授職用能、新田開発をその起用趣旨としたことに比べ、後期郷士の起用目的は荒地対策、管理保全、土地養生など緊急対策の要素が加わり、その起用条件は継続的に開発可能な実質的実力を有しているかどうかが重要な基準となり、血統や血筋の条件は廃止された。郷士株を買い受けた「他譲郷士」も増え、郷士層は多様化してくるが、幡多郷士や仁井田郷士のように荒地の緊急対策や管理保全に主眼が置かれ、住民の移住などの政策課題により発生する郷士など、江戸時代中期以降は初期郷士の優遇政策のような起用基準には見られない全く違った新しい考え方で郷士取り立て政策がおこなわれた。さらに、後期郷士たちの最も特徴といえる「加地子米の徴収権利の売買」が活発化し、初期郷士と質的に大きく違ってくる。

3)百人衆郷士

百人衆郷士とは藩政初期、他国に逃走した者もあったが、大部分は土佐にとどまり、地位と俸禄を失い、長我部遺臣たちは浪人化し山野に隠れた。反旗を翻す不穏な機会をうかがう者も多く、治安対策で社会問題化した。土佐藩奉行の野中兼山は、農地振興の灌漑工事を行い、土豪化した失業サムライたちを郷士職として積極的に取り立て、未開墾地の開発に起用した。正保元年(1644)、上水工事が完了すると、最初に野市地域で100人に限り「百人衆郷士」募集を行った。これより、他国への逃亡者や不平分子は減少した。

参考文献　小関豊吉「高知藩の郷士に就いて」(土佐史談第48号　1934年)

4)自由郷士

金銭の対価を支払って郷士身分を獲得する郷士のこと、他譲郷士と同じ意味。江戸時代の初期、正保元年(1644)に始まる野中兼山の「百人衆郷士」募集による本来の長宗我部家臣の血統だけに与えられた郷士職の身分であったが、その後時代の経過とともに、やがて郷士株の売買は広く行われるようになった。

5)加地子米収得権

加地子米(加治子米)とは近世・江戸時代において、おもに土佐や佐賀で使われた小作料を意味する言葉であり、加地子米収得権とは加地子米(小作料)を収得できる権利のことである。

近世に入り土佐藩では、経済事情の変化などにより土地の売買が避けられない状態となるが、矢野城楼氏は1966年に発表した論文(「元禄大定目『本田売買定』に関連する若干の考察」)の中で、土佐藩農業経済史に平尾道雄氏が引用された次の史料、宝暦9年(1759)9月1日 潮江村地下浪人土井与七郎の上書、「右御本田百性共夫々控来り申侯所、中興以来いつとなく右百性控之御本田悉く町人或は郷士、或は村々に居申勝手宜しき浪人・間人など百性より田地買取、右之者共控地と成り、本と百姓夫より漸く宛り地を仕作付け仕申に付、御貢人物米払、又地主へ加治子米と申て払申に付、右百姓之作徳鮮く迷惑仕、田地手入等も得々不仕候ニ付損毛申候。……向後御本田は百姓之外控申事屹度御法度被仰付、若爾来控え百姓不得止困窮等に及び、田地得作り不申候は々同し百姓へ売付け申様に御定目御立て候は々往古之通り百姓控に相成申に付……(後略)」。

この地下浪人の上書史料から、この頃すでに加地子米収得権を内容とした、むしろ土地や耕作権とは違った地主権の性格を実体財産の対象とする者が現れるに至った、と指摘している。土佐の場合、土地の売買や耕作権の売買、また「加地子米」を収得できる地主権など、これらを単なる「質入《しちい》れ」とし、その後で抵当流しを意識的に行った巧妙な売買なのか大変複雑になっている。しかし下層の庶民が処分できる財産的価値を手段として持っていたことは間違いなく、その意味では17～18世紀の世界史において、土佐の下層庶民たちは自助努力で実現できる「福祉」の手段をいち早く手に入れていたことになる。

矢野城楼氏は土佐の耕作権や加地子米収得権のあり方に関連して、同論文の14頁～17頁の中で中国やドイツで発生した「不動産質」との違いについて、土佐(高知県)の永代小作権の性格は、たとえ売買であれ、借銀(担保)の担保流れであっても、そもそも「質権」は、その占有を債権者に移転することを原則とするのであり、その意味では、農地を永代小作人が占有し続ける場合が多いのが土佐(高知県)の特徴である。したがって、純粋な質入担保とは判断し難いと述べている。

なお、江戸時代における所有権の把握について、渡辺洋三氏が、その著書『慣習的権利と所有権』(お茶の水書房　2009年)15～31頁の中で、私法と公法の概念を用いて領主的所有と農民的所有の二重構造を指摘しながら、近世時代の具体的かつ事実的支配の体系として「ゲヴェール」の概念を強調しているのが注目される。

参考文献　矢野城楼「元禄大定目『本田売買定』に関連する若干の考察」(土佐史談第111号　1966年)

6)浦戸の戦い

『土佐国編年紀事略　下巻之十』34頁には、「同年同月晦日在々所々ニテ誅セラル、一揆共都合貳百七十三人ノ首浦戸南八畀町ノ末ニ梟首シ舩ヲ以大阪ニ献ス」とあり、一揆の犠牲者は273人と記載されている。また、同書37頁には「本山一揆」の記載がある。

当時の社会の混乱した様子について、『南路志』(武藤致和編　第5巻　巻四十八～巻五十二　長宗我部秦盛親公代　高知県立図書館　1993年)にも詳しい記載がある。

7)走り者

走り者とは農民が田地を放棄して他国へ逃走する者を意味し、年貢の確保に支障が発生することから、諸藩の領主はこの問題を最も警戒した。「御国替え」で混乱した当時の状況や土佐藩の「走り者」の研究資料としては、『近世日本農民経済史研究』(早稲田大学経済史学会編集・発行　254頁　1952年)に詳しい報告がある。さらに、体系的に検証した石躍胤央氏の研究「土佐藩初期の「走り者」について」(『徳島大学学芸紀要(社会科学)』第XII巻　96～97頁　1962年)などがある。

8)野中兼山(1615～1664　元和1～寛文3)

江戸初期の儒者。土佐藩の執政。山内良明の子。野中直継の養子。字は良継。南学派谷時中に朱子学を学ぶ。土佐藩山内氏の藩政確立に尽力し、新田開発・殖産興業・土木工事など各般に大功があったが、中傷により隠退とされている。

『日本史辞典』高柳光寿・竹内理三編(角川書店　1966年)

9)土佐精神

昭和時代、高知県尋常高等小学校で実際に使用された『本山読本』の教科書に出てくる「土佐精神」の一節には、英雄伝として長宗我部元親や坂本龍馬、板垣退助の名前がしばしば登場する。教科書の中で物語りとして、坂本龍馬が柔道師範・信田歌之助との試合で3回負けても、また4回目の勝負に挑戦しようとするその容易に屈しない「まけじ魂」を「土佐の精神文化」の理想として学校の授業で教えている。

土佐の「まけじ魂」とは、強い立場の者に向かって、負けてはなるものかという意気込みで相手に挑戦する固い意志のことで、権威や権力に屈しない一つの思想哲学を暗示している。自己確立した主体性の強調として、一種のレジスタンス思想につながる哲学観ともいえる。自分より弱い者をいじめたり、弱い立場の人間に冷たく対応することは人間としての品格を失する行為であり、そのような生き方を排除する考え方。これは土佐の精神文化の底に流れる風土的な価値観ともいえる。強い者に戦いを挑むことは、論理的には敗北に帰する可能性は常に高い。一見すると合理性を欠いた行動である。しかしここでは、あえて勇敢な行動として礼賛している。

これは西洋における英国のジェントリー層などに見られるジェントルマン(紳士)に通じる高貴なる精神性の意味を強調しており、権力や権威に対して盲目的に同調、あるいは追従するのではなく、明確な社会観や公益観を持ち、勇敢に行動することで尊敬を受ける理想像としての土佐人を「郷士民」と表現している。近世、近代、そして現代へと、土佐に根強く残る「権威や権力」による抑圧的な態度に対峙する内面的な抵抗は、世界史上のドイツ軍ナチス勢力に水面下で徹底的に抵抗したフランス国における一般庶民たちの誇り高いレジスタンス運動と関連して考えることができる。

参考文献　『本山読本 全』(本山尋常高等小學校編 13～135頁 1936年)

10)新田開発

新田という言葉の定義は複雑である。一般的には戦国時代以降の開発耕作地、厳密な意味では江戸時代の開発耕地。本田とは土佐藩直轄地で藩財政を支える蔵入地であり、また重要財源である。おもに土佐の場合は、公領の「本田」に対して「新田」という呼び方があり、新田は郷士が新たに開発申請して許可を得て開墾した田地を指す。全国どこに行っても新田という地名があるほど、新田は近世を通していたるところで開発された。

この新田について多くの科学がそれぞれの角度から研究してきた。中には詳細な新田研究もあるが、意識的か無意識的か、それをもって全国の新田の機能と意義をすべて規定している風潮傾向がある。近世に日本全国で開墾、開発された新田は、一つの新田類型で解明しつくすことができるような単純ものではない。村受、藩営新田、藩士知行新田、土豪の見立新田、町人請負新田などそれぞれの新田開発が近世で果たした役割は今日まであまりにも過小評価されてきたように思われる。幕府や諸藩において、この生活空間の拡げ方は全国各地によってさまざまの違いを見せていた。

参考文献　菊池利夫『新田開発』(至文堂　１９６６年)

土佐藩においても近世期に新田開発はさかんに行われたが、この当時全国に展開した新田開発と違う特徴は、郷士制度と新田開発が表裏一体で不可分の関係で展開し続けたという点にある。そもそも開墾新田そのものは、その量的な成立の起源は日本史上の荘園発生の頃までさかのぼるが、封建期の太閤検地帳に基づく諸藩の基礎的財政である江戸時代の「本田」と区別し、新しく開発された生活空間を一般的に「新田」と呼ぶことが多い。土佐藩において長宗我部氏の治世下、天正検地が行われ、財政基盤の基本とされた「本田」に関する原本は山内家に保存され、現在は高知県立図書館に残されている。

田地と食糧の関係から見ると田地の歴史は古く、日本法制の根本として孝徳天皇期の大化改新による根本規律であった大宝令では、田地面積の測定単位は1反《いったん》＝360坪であった。1反の10倍が1町《いっちょう》であり、1反とか1町の呼称は現在でも高知市の郊外や田舎の田畑、また山林の取引などでは一般慣行として民間人に使用されている。もともと大宝令では1坪は6尺四方と決められていた。この1坪の由来は、水田耕作による稲(籾)が1升生産されるとされ、さらにこの籾《もみ》1升を玄米に精米するとおよそ半分の5合《ごう》となる。近代以前、日本の食生活は1日2食で、朝2合半そして夕食2合半、合計5合の米を成人一人の食糧の定量として計算され、1人の人間の食糧1日分が1坪の面積単位である。1年を360日として1反を360坪として土地政策の基本とする、すなわち日本史上の1人扶持とは1日玄米5合の意味であり、10人扶持といえば1日玄米5升が役人仕官の俸禄の単位とされた。

天正15年(1587)、豊臣秀吉は政権強化を目的に、当時推定約3、000万石といわれた全国の戦国大名の財政実勢を検証するため、また一方では作為的増税を動機として全国にわたり太閤地検を行った。その時、土地の面積を大宝令以来の360坪を1反とした決め事を300坪に減少させ、一方、それまで1坪の6尺四方を6尺3寸四方に増やす巧妙な増税改革を実行した。実際は1反歩で約30坪少なくなるので、約3、000万石の1割である300万石の税金の自然増収になり、それらが大阪城聚楽や朝鮮征伐の財政根拠となった。その検地の実施において、6尺3寸四方が新しい1坪となるのであるが、計量側として当時「棹」が使用され「砂ずれ3寸」という現場測量において若干余分に加えることが許されていた。結果的に1坪が6尺6寸になることもあるなど現地測量の大雑把なやり方は、現地で棹持と称する人間がどんどん歩きながら棹を打っていくうちに、実際には7尺4寸四方近くになることもあり、この結果、現在我々が法務省・法務局で閲覧する公図(通称切り図とも呼ぶ)が実際の土地面積と大きく違っているのはこのような太閤検地のやり方に由来する。しかし太閤検地により日本全国の土地の面積がほぼ確定し、封建制度の家格が定められ、太閤検地は近世以後から戦後における昭和の農地改革に至り、日本の土地に関する重要な資料として評価できる。土佐における長宗我部時代の検地は約3年の歳月をかけ完成し、それまでの慣習であった貫高が石高に改変され、また田畝前の位置や所有者などが明確となり、貢租額の決定や税祖の正確な負担者の特定など藩政の財政基盤の資料に大いに貢献することになった。

参考文献 「土佐の永小作について」『世態調査資料第32号』(高知地方裁判所同検事局司法省調査部1941年)

なお、「南路誌」によると、この当時の検地結果では高知県下における郡別の集計では以下のようになっている。

郡名	地高(石)	村数
安芸郡	17、011	53
香美郡	27、368	66
長岡郡	14、674	48
土佐郡	18、690	39
吾川郡	18、000	41
高岡郡	45、088	75
幡多郡	51、792	141
合計	202、626	463

この時代の土地については、制度的に公領と名田があり、名田は官吏以外のいわゆる今日でいう民間人の開発した土地で、起源は荘園の発生に由来し、おおむね開墾した者の私有に属した。その個人の私的所有権は、応仁の乱あたりからの治世の混乱と統治の乱れで

迷走することになるが、土佐では長宗我部氏の四国平定や戦国の長期戦火、朝鮮征伐の出兵などで農地は大いに荒廃した。

この当時およそ土地に対する土佐における一般的な所有の観念は、土地の現実的占有を所有の構成要件や根拠とする傾向が強く、封建権威による農地の現実的な統治が乱れた結果、必然的に現実の占有事実をもって所有の条件を満たすのであり、西洋から取り入れた現代の所有概念とは微妙に違っていたことは容易に理解できる。しかし、長宗我部時代にはわずかではあるが、地租の貢を受容しているのをみると、今日でいう排他的で絶対的な所有権意識とは少し違っている。またこの当時、長宗我部氏直属の家臣には固く禁じた田地の売買や譲渡が民間人にはある程度容認され放任された傾向から、一般の民間人と家臣たちを峻別して扱う土地への所有態度は、物権的所有権、つまり領主であっても私的な個人が土地を完全支配するという絶対的所有権の意識は土佐では希薄であったとさえいえる。土地(底地)そのものよりむしろ土地からの収穫物を重要視する用益物権の価値が意識され、大宝令の時代から継続する土地に対する一次所有や二次所有という相対的所有と用益物権の価値意識が混在する複雑な所有概念であったと考えることができる。天正検地以後、一定の領域が確定したものが公領となり、名田以外の全ての土地がこれに含まれた。長宗我部氏は四国を武力で平定したが、勝利した四国の領地をそれぞれの領主に安堵したため、長宗我部譜代の家臣には忠孝の功労者に対する恩賞も増給できず、天正検地結果の石高が領主直属の耕地と家臣の俸禄を賄うすべてであった。

このことは単一土地税に財政基盤を依存する土佐にとって、その後の山内土佐藩の経済的な困窮は奇妙な郷士制などを併用した新田開発へと向かい、貨幣経済の浸透とともに港運を利用し、関東、関西へと材木、紙などの特産品の専売事業への傾斜を余儀なくされた。このような貨幣経済を意識した地場振興のあり方は結果的にさらなる貨幣経済への傾斜を深め、これが貨幣の運動性に目覚めた郷士たちの活躍に絶好の機会を与えることになり、郷士層の富裕化、新興郷士層たちの台頭へつながり、土佐の封建制度の崩壊を加速させる大きな要因となったと考えられる。

11)関田英里氏は1960年に発表した論文「新規郷士とその領知」(『高知大学学術研究報告』第9巻第10号 120~122頁 125~126頁)の中で、土佐勤王党という尊王攘夷運動に関して、その中心的役割を果たした大石家に早い時期から注目し、宝暦13年(1763)の幡多郷士募集に始まる大石弥市郎の家系を、数代にわたり体系的な追跡研究を丁寧に行っている。通説的な一領具足や抽象的な「郷士開基論」という曖昧な領域から脱し、明確な郷士像を実態社会の中で浮き彫りにしようとした意図が汲み取れる。土佐藩・家老職であった吉田東洋の暗殺に至る大石団蔵など、土佐の郷士たちが所有した哲学原理の背景を探る意味でも、また維新後における土佐(高知県)の自由民権運動の底流と、西洋模倣に終始する明治政府との対立や横たわる思想的断層に迫る意味でも、江戸中期以降の新規郷士たちの行動哲学の本質は重要な分野である。

その意味で、幕藩体制的土地領有体系=Hierarchieから相対的に自由であった新規郷士の領地(新田農地)は、全国諸藩の所有原則と違っており、封建権力排除の思想的傾向、いわば「大衆の反逆」という文脈を、小作人(下層労働者)への安い小作料設定の中にいち早く読み取り、このあたりに潜む思想的本質を描き出そうとした関田英里氏の冷徹な学術視点は、世界史上において驚くべき早い「土佐の近代性」の発祥を示唆する上で重要な研究といえる。

12)福島成行　「家士の驕傲と郷士の確執(二)　～　(四)」(土佐史談第52号～54号　1935～1936年)

13)「法律史より見たる土佐人の生活に就いて」(『世態調査資料』第32号・司法省調査部　1941年5月)

14)高知県に存在する神社数　(10、000人当りの全国比較)(文化庁宗務課宗教法人室認証資料　2003年)

高知県は南側の海岸線に沿って延長短距離が約400キロメートルあり、ほぼ日本一長く、古来より季節風の台風上陸は庶民の暮らしに大きく影響をおよぼしたと考えられる。高知県全体が海との距離が短く、海洋気象の変化を受け、局地的に異常な現象が起きる小気候的な環境下にある。

なお高知県の災害記録に関しては、宝亀8年(778)から昭和41年(1966)8月25日までの天災状況を詳しく伝える資料として『高知県災害異誌』(高知県編　1966年　高知県立図書館所蔵)などがある。

15)開墾永代小作権

開墾を契機に設定されるもので、圧倒的に多い。土地改良永代小作権とは、畑などを新たに水田に改良した時、その労資の貢献に報いるため設定されたもの。構造的には開墾永代小作権と同種といえる。分与永代小作権は、永代小作権を贈与された場合にそう呼ばれた。買受永代小作権は、積極的に対価を支払い買い取った場合に呼ばれた。留保永代小作権は、土地を譲渡したが永代小作権(耕作する権利)はそのまま留保している場合に呼ばれた。認定永代小作権は、藩法によって認められた場合や地方慣行によって認められた場合に呼ばれた。土地分け永代小作権は、従来からの小作人の病気や死亡に由来するが、地主の許可をもらい二番作人などに下請けさせ、そこで利益を出す場合そう呼ばれたが、中には地主に無断で下請けに出す悪質なものもあった。

16)安岡大六「郷士の経済的生活に関する資料」(土佐史談第88号・復刊第9号 1956年5月30日)

17)本庄栄治郎校訂・大蔵省編纂『大日本貨幣史』巻二十一(531頁 明治10年~11年刊 大日本貨幣史刊行会 1969年)

土佐藩が慶応元年に幕府の許可を得て発行した種類には、銀百目札 銀五拾目札 銀三拾匁札 銀貳拾五匁札 銀貳拾匁札 銀拾五匁札 銀拾匆札匁の7種類があった。

18)横川末吉「富山家文書」(『享保の土佐藩政・文部省史料館』土佐史談 第112号 48頁 1965年)によると、土佐藩の借財に触れた記録の一部として以下のようになっている。

享保八卯年(一七一三)四月改正

土州様御用金御返済覚書
土州様御用金覚御証文之写
預申米前金之事

一　金子弐万両者但江戸小判也

右者松平土佐守就要用米為前金預申処実正也来年十二月迄之内国許出来米大阪指廻蔵本ニ而引渡売立右之金子無相違相渡可申候若右之米大阪江不指登候者何方之米ニ而茂御自分御望之通大坂江戸ニ而成共整相渡可申候為後日手形如件

宝永元申年(一七〇四)十一月朔日

井上半蔵
小南五郎右衛門

富山喜左衛門殿

右之金弐万両前書之通相違有之間敷所也

同日

右金当十一月より元金百両ニ付一ケ月ニ利金壱両弐歩宛相定返弁宛儀者来酉之秋土佐之国幡多郡之内中村地高三万石引分置此物成米壱万弐千石有之候其余者家中侍共知行所務取集尽本利合弐万三千七百十両急度皆済可申候若於不納者此度材木山明候間売立銀を以何分無滞来酉暮限相渡可申候已上

同日

井上半蔵
小南五郎右衛門

富山家からの借金返済に苦しんだあげく、結局一部焦げ付くなど、土佐藩の困窮した財政状態に関連して、松好貞夫『土佐藩経済史研究』(日本評論社　１９７9年　48～49頁)に次のような記述があり、土佐藩の財政支出が急激な膨張を辿った様子が分かる。

「土佐藩の財政支出」

「土佐藩支出現米」　　「土佐藩支出銀」

寛文時代　現米支出四萬三千二百九十六石　　支出銀一千八百四十四貫

寛政時代　現米支出七萬四千九十石　　支出銀二千六百三十三貫

(約１.７倍)　　(約１.４倍)

天保時代　現米支出十四萬一千六百八十九石　　支出銀七千六十九貫

(約３.３倍)　　(約３.９倍)

このような土佐藩の窮乏した財政状態に加え、幕府による御用金の要請はさらに土佐藩の台所事情を苦しめた。以下は、徳川幕府による土佐藩に対する主だった御用金の強制的な要請を年代順に掲げたものである。

「徳川幕府御用金要請」

慶長10年(１６０５)……江戸城石垣修繕

慶長12年(１６０７)……駿府城普請

慶長15年(１６１０)……尾州名古屋城普請

慶長19年(１６１４)……江戸城及木津城修築

元和元年（１６１５）……大阪玉造及城普請
元和６年（１６２０）……大阪城石垣修復
寛永２年（１６２５）……大阪城普請
承応３年（１６５４）……禁裏御普請

19）明和５年（１７７６）に組合規約として、11月25日に『郷士仲間之定』という規約をつくり、「此度御指上重被ニ候付、御家中御侍中、郷士諸奉公人之末々……（略）」の16条を定め、組織の年中行事の開催、土佐藩庁の布達処理（広報）、所属会員間の親睦などについて細則が決められた。

参考文献　安岡大六「郷士の経済的生活に関する資料」（土佐史談第88号　30～31頁　１９５６年）

20）民撰議会設立建白書
ロバート・ルークLuke S.Roberts　「土佐藩士今喜多作兵衛による藩政改革案―天明七年の自由民権思想の一源流」（土佐史談第200号53～61頁　１９９６年刊行）

21）山内藩主が永代小作人に土地売却代金を分配した内訳を示す山内家文書（高知県立図書館所蔵）「山内侯爵ヨリ永小作權者ニ地代金ヲ分配セシ關係書類」には、以下の記述がみられる。

拝啓陳者本年八月五日付ヲ以テ御差出ノ道式買上代金分配ノ儀ハ七分金御渡可申事ニ相決シ候間實印携帯受取方御申出相成度此段及御通知ニ候也

但殘地ノ儀ハ契約書ヲ爲取替可申事ニ相決シ候ニ付委細ノ儀ハ御直話ニ讓置候此段申添候

明治三十年十一月十六日

山内家地所係　森脇惟一

闢田悦次殿

（外三名宛）

22）高知縣永小作権請願書

明治31年9月、高知県高知市下知の多賀教会事務所で約50数名が参加し、松尾富功祿氏を会長に、弘瀬重正氏を副会長に選出し、「高知縣永小作権設定同盟会」が結成された。高知全県下で署名活動を行い、松尾氏、弘瀬氏が上京した時、高知県の総意に基づくものとして、政府に「永小作権請願書」が提出された。

その内容は、「永小作権」の契約存在が面積にして概算８０、０００万反に達しており、価格に換算すると800万円という大規模な問題であるということ、さらに永小作権者の用益処分や地目の変換が自由に行われてきた近世時代に由来する歴史的経過などについて、「永小作権」のその慣習法的扱いの妥当性を強調するものとなっていた。

第1號から第10號にいたる書面では、具体的な契約内容の実例を示しながら、地租改正に伴う矛盾を指摘し、高知県における「永小作権」の存続を請願する趣旨の内容になっている。

（以下は『高知縣永小作権請願書』原文から一部抜粋）

「高知縣永小作權請願に對する參考書」

一　高知縣永小作權ハ一名ヲ盛控地ト稱シ通俗ニ永小作權者ヲ中地頭又ハ上地持ト謂ヒ地主ヲ底地持ト云フ

一　高知縣ノ土地ニ本田及新田ナル者アリ其性質及永小作權ノ起原ハ請願書ニアルヲ以テ略ス

一　高知縣永小作地現在高ハ概算八万反アリ而シテ其價格ハ實ニ八百万圓ノ巨額ナリ

一　永小作地ニ係ル諸税金ハ數年前迄小作人ニ對シ直接ニ徴税傳令書ヲ發布シ永小作人ノ名ヲ以テ納附ス其權利義務ニ屬スル地主トノ關係ハ請願書ニ明ラカナレハ略ス

一　永小作權賣却讓與等ノ契約證ニハ今日ニ在ッテハ一般ニ地主ノ證印ヲ受ケツヽアルモ舊藩時代ニ於テハ多クハ地主ノ證印ヲ要セス永小作人ニ於テ自由ニ賣却讓與ヲ決行セリ　併シ今日ニ在ッテモ地主ハ正當ノ理由ナクシテ小作權ノ賣却讓與ヲ拒ムヲ得ス

一　永小作權者ハ元來其土地ノ處分權ヲ占有シ居タルヲ以テ地目ノ變換等小作人ノ自由ナリシモ當時ハ行政上ノ規定アルヲ以テ自然地主ノ同意ヲ得サルヘカラサルコトトナレリ

一　高知縣ノ永小作權ハ前諸項及請願書に縷陳セシカ如キモノニシテ土地其物ハ地主權設定ノ目的ニアラス地主ハ只タ加治子米ナル者ヲ收得スル一ツノ債權者ニシテ所有ノ實權ハ寧ロ永小作人ニ屬セシナリ

彼ノ明治初年地劵發行ノ際地價ヲ定ムルニ永小作地ニツイテハ土地ノ實價ニ依ラス地主ノ收得ヲ標準トシテ之ヲ決定セシカ如キハ實ニ高知縣永小作ノ特色ヲ表證スルニ足ラン乎

（本項ノ事實ハ左記第九號書面ニ明ラカナリ）

一　明治三十年ニ在ッテ舊藩主山内侯爵所有ノ永小作權附ノ地所ヲ縣道敷地ニ收買セラレタル際侯爵ハ其地代價十分ノ三ヲ自ラ收得シ十分ノ七ヲ永小作人ニ分配シ尚ホ將來如何ナル場合モ其標準ニ依リ分配スヘキコトヲ豫約セリ

一　永小作地ニ對スル地主ト永小作人收益ノ割合凡ソ左ノ如シ米壹石六斗　是ハ永小作權附田一反ヲ他ニ賃貸スルモノトシ其賃貸米内　米三斗五升　是ハ右田地ニ係ル地租金及縣町村税ノ合計凡ソ三圓ト見積米一石ノ代價八圓六十錢ヲ以テ米ニ換算セシモノ差引米壹石貳斗五升殘高内　米五斗　地主收得ノ加治子米　米七斗五升　永小作人收得ノ中加治子米即チ地主四分　小作六分トナル

一　永小作權ニ關スル諸般ノ契約書及參照書類ノ部ヲ示セハ左ノ如シ

（第一號）

田地永代賣渡證文　地主ノ證印ナキモノナリ但地組頭ノ奥書アリ

地組頭ハ即チ永小作人ノ一人ナリ

山田野地村濱道ノ西　西野地境ニ有之谷田竹五郎作式

一田六反三十六代壹歩　御本免五ツ四分

米二石四斗四舛八合加治子米

代錢六百目

右ハ私控地ニ候處御貢物未進方ニ差詰貴様へ及相談ニ永代賣渡代錢右ノ通慥ニ受取御貢物方ヱ上納仕候處實正也然ル上ハ右地ニ掛ル御貢物不及申田役諸公用共貴様ヨリ御勤被成御勝手次第御支配可被成爲後日慥成受人相立殊ニ地組頭ノ奥書相受證文相渡置申上ハ

子々孫々ニ至ル迄何等ノ故障無御座候依テ永代賣渡證文如件

文化七年寅十二月

西野地村賣渡人　伴右衞門　印

同村　受　人　坂本喜平　印

山田野地村　米助様

表書之通承届候　地組頭　升　平　印

・・・・・・・・・・(中略)・・・・・・・・・・・・・

(第九號)

地租改正ニ付永小作御處分伺　高知縣權令ノ請訓及ビ之ニ對スル指令　當縣舊來田地ノ作人ニ永代宛リ又ハ中地頭、或ハ盛控地等唱ヱ候儀有之何モ普通永小作ト大同小異ニ而譬ヘハ地主一反歩ノ土地ヲ所有シ其地小作米壹石可有所從來五斗ノ約束ヲ以小作爲致來リ相對熟談ヲ以テ小作來增減致候ハ格別左無之時ハ地主ヨリ增米申付小作人不承服ニ而双方ヨリ訴出ルト雖モ官ニ於テ增ノ裁判不至去迚地主其地ヲ直作又ハ他人ニ耕作可爲旨申出ト雖モ是以裁判不ヨリ自然地主ノ外小作人モ亦其地ヲ以テ家產ト相心得地主ノ許可ヲ請ケ又ハ地ヘ申出モ無之作株賣買致候舊習ニテ右者大抵最初其地開墾ノ節小作人勞費有歟又ハ根元小作人所有之土地ヲ小作米何程ト極メ賣渡候歟或ハ故アリテ以來作增米不申付約定致シ候等種々ノ情由有之趣、中ニハ右等情由無之最初小作致候節薄地ニテ譬ヘハ一反歩ニ付五斗ノ小作米ニテ十分ノ所得ニ有之處逐年地肥饒ニ至ルト雖モ增米等モ不申付久シキヲ經テ自然永作ノ如ク相成現今他ニ小作爲致候得ハ所得米一石モ可有之處矢張從前ノ通ヲ以テ小作爲致候者モ有之趣ニ候得共今日ニ至リ何誰ノ土地ハ根元一作宛ニテ自然永小作ノ姿ニ相成候ト申證跡難相立儀ニ御座候然ル處昨年以來相渡候地劵ノ代價譬ハ一反歩ニ付所得米一石此代價百圓相當ノ處前條ノ如ク永小作人有之 地主纔カニ五斗丈ヶ所務致シ來リ候分ハ地劵ノ代價モ亦五十圓ト相記シ有之ヲ以テ土地ノ眞價トハ申サレス依テ改租ノ際不都合顯然ニ有之去リ迚右地劵ノ代價ヲ以百圓ト認メ地主ヘ相渡シ候時ハ地主全ク其地ヲ自由ニスル權ヲ有シ小作人自然破産ト相成ル道理ニテ民情沸騰ハ申ス迄モ無之因テハ前條ノ如ク一反歩ニ付所得米一石相當ノ處五斗ハ地主所務致シ來リ五斗ハ永小作人所務致シ候分ハ地主ヘ買ヒ取ラセ候後全權ヲ地主ヘ相與ヘ候歟或ハ其地ヲ平分シ五畝ヲ以テ地主ノ所有トシ五畝ヲ以テ永小作人ノ所有ト致シ候時ハ前條ノ難澁無之譯ニ候ヘ　地主ニ於テハ所務米ノ多寡ニ不拘從來其地ヲ所有致シ候名 義有之ヲ以下不承服ハ顯然ニ可有之取扱難澁仕候間如何處置仕リ可然哉此段相伺候也

明治六年十二月

高知縣權令　岩崎長武

右ノ指令

書面永小作ノ儀ハ元來地主ト作人トノ約定ニ候儀ニ付土地ヲ小作人ニ買受候歟永小作ノ權利ヲ地主ニ買受候歟雙方熟儀ノ上私有ノ分界可相立若熟儀不相整證據等無之難決事情有之分ハ一廉限事由ヲ類別シ更ニ可伺出事

明治七年二月十七日

内務卿　木戸孝光

大藏卿　大隈重信

（高知県立図書館所蔵）

参考文献

下川　潔『ジョンロックの自由主義政治哲学』名古屋大学出版会　２０００年

今村健一郎『労働と所有の哲学』昭和堂　２０１１年

加藤雅信『所有権の誕生』三省堂　２００１年

川島武宜『日本人の法意識』岩波新書　１９６７年

川島武宜『所有権の理論』岩波新書　１９８１年

渡辺洋三『慣習的権利と所有権』御茶ノ水書房　２００９年

菊地利夫『新田開発』至文堂　１９５６年

入交好脩『土佐藩経済史研究』高知市立市民図書館　１９６６年

(社)農業土木学会編『水土を拓いた人々』農山村文化協会　１９９９年

加藤静二郎『雄国新田開発』会津若松　歴史春秋　２０１０年

金子光一『社会福祉のあゆみ』有斐閣　２００５年

岩田正美・秋元美也『社会福祉の権利と思想』日本図書館センター　２００５年

Geoffrey Barraclough『HISTORY IN A CHANGING WORLD』「転換期の歴史」G.バラクラフ著　前川貞次郎・兼岩正夫訳　社会思想社　１９６４年

Walter Prescott Webb『THE GREAT FRONTIER』「グレイト フロンティア　近代史の研究」W.P.ウェッブ著　西澤龍生訳　東海大学出版会　１９６８年

VSEVOLOD VLADIMILOVICH OVCHINNIKOV『一枝の桜』V.オフチンニコフ著　早川　徹訳　読売新聞社　１９７１年

Arnold Joseph Toynbee『歴史の教訓』A.J.トインビー松本重治訳　岩波書店　１９５７年

桑原武夫『ヨーロッパ文明と日本』朝日新聞社　１９７４年

桑原武夫『フランス革命の研究』岩波書店　１９５９年

樋口清之『こめと日本人』(社)家の光協会　１９７８年

西尾幹二『国民の歴史』産経新聞ニュースサービス　１９９９年

本庄栄治郎『大日本偵幣史』大蔵省編纂巻二十一明治十～十一大日本偵幣史刊行会　１９６９年
『田野町史』田野町　編集・発行　１９９０年
Jose Ortega y Gasset『危機の本質』J.O.ガセット　前田敬作訳　創文社　１９５４年
高柳光寿・竹内理三編『日本史辞典』角川書店　１９９５年
本山町尋常小学校教科書『本山読本』高知縣長岡郡本山町編集・発行　１９３６年
地方裁判所検事局・司法省調査部『世態調査資料第32号』高知地方裁判所検事局　１９４１年
『高知県百科事典』福田義郎　発行　監修　関田英里　１９７６年
早稲田大学経済史学会『近世日本農民経済史研究』編集・発行　254頁　１９５２年
石躍胤央『土佐藩初期の「走り者」について』徳島大学学芸紀要　第Ｘ II 巻　１９６２年
松好貞夫『土佐藩の郷士制度と新田』土佐史談46号　１９３４年
島村要『民法施行法と松尾富功禄等による土佐の永小作存続運動の顛末』土佐史談18号　１９８９年
矢野城楼『元禄大定目「本田売買定」に関する若干の考察』土佐史談111号　１９６６年
平尾道雄『兵制上より観たる郷士とその階級的特殊性』土佐史談40号　１９３２年
武藤致和編『南路志』第５巻四十八～五十二長宗我部秦盛親公代　高知県立図書館　１９９３年
小関豊吉『高知藩の郷士に就いて』土佐史談48号　１９３４年
横川末吉「西内家文書」(『高知学芸高等学校研究報告６号』高知学芸高等学校１９６５年)
横川末吉『譲受郷士の一例』土佐史談第110号　１９６５年
文化庁宗務課宗教法人室　認証資料　２００３年
松野尾章行編(「高知縣土佐国神社明細帳」明治18～24年脱稿　高知藩　発行　土佐国史料類纂『階山集』第１巻　宗教　(１)・史料(１)篇　18頁)
関田英里『封建社会における生産力の発展と地代』高知大学研究報告第１巻第19号　１９５２年
関田英里『土佐の石高について』土佐史談91号　１９５７年
横川末吉「富山家文書」(『享保の土佐藩政・文部省史料館』土佐史談第112号　１９６５年)
安岡大六『郷士の経済的生活に関する資料』土佐史談第88号　１９５６年)

ロバート・ルーク Luke S.Roberts『土佐藩士今喜多作兵衛による藩政改革案―天明七年の自由民権思想の一源流―』土佐史談第200号 １９９６年
関田英里「新規郷士とその領知」(『高知大学学術研究報告』第9巻 第10号 １９６０年)
福島成行『家士の驕傲と郷士の確執(二)~(四)』土佐史談第52号~54号 １９３５~１９３６年
「高知縣永小作權請願に對する參考書」(高知県立図書館所蔵)『土陽新聞』(旧高知新聞) 明治33年4月1日
松山秀美・宮地仁・平尾道雄・橋詰延寿『高知県農地改革史』高知県農地改革史編纂委員会・編 高知県農地部農 地課 １９５２年
荻慎一郎・森公章・市村高男・田村安興『高知県の歴史』山川出版社 ２００１年
木村 礎『近世の村』株式会社 教育社 １９８１年
高橋浩一郎『気候と人間』ＮＨＫブックス １９８５年
気象庁災害科学研究会気象部会『日本気象災害資料』気象庁 １９６１年
権藤成卿『日本震災凶饉攷』有明書房 １９８４年
RAYMOND BOUDON『ラルース社会学辞典』レイモン ブードン著 宮島喬・杉山光信・梶田孝道・富永茂樹訳 弘文堂 １９９７年
阿部謹也『世間とは何か』講談社 １９９５年
中山巌水編著・前田和男・宅間一之校訂『土佐国編年記事略下巻十』東京大学史料編纂所編 臨川書店 １９７４年
続群書類従完成会『富代記』『駿府記』大田善麿 続群書類従完成会 １９９５年
横川末吉『野中兼山』日本歴史学会 編集 吉川弘文館 １９６２年
篠塚昭次『土地所有権と現代』出版協会 １９７４年
小島麗逸『現代中国の経済』岩波書店 １９９７年
小田美佐子『中国土地使用権と所有権』法律文化社 ２００２年
白柳秀湖『日本富豪発生学』千倉書房 １９３１年

封建社会において地殻変動を起こす土佐の「近代」

―土佐の「永代小作権」の歴史的革新性と必然性―

高知県立大学教授　田中きよむ

福留氏の「永代小作権」の歴史分析の独自性は、土佐独自の土地制度が、土地の流動化を通じて事実上の所有権の分散化をもたらし、封建社会の中に近代市民社会の胎動を見出しているところにあります。軽費の小作料で永久に借地することができるうえ、地主の承諾なしに自由に売買できるという意味で、「資本」（土地）の名目上の所有から切り離され、実質的な所有権を伴う「労働」（郷士・永代小作人）を可能とする制度の普及プロセスが、封建社会から近代市民社会への脱皮に向けた地殻変動と捉えられています。まさに、近代の兆候を土佐の封建社会における土地制度をめぐる動向から捉え出し、歴史解釈の見直しを迫る独創的な研究成果と言えます。

なぜ、そのように全国の動向とは異なる形で歴史的異端をなす土佐独自の「永代小作権」制度の誕生・持続が可能であったのか。それについて、福留氏の文脈の中から、歴史的必然性があったことをうかがい知ることができます。

一つは、「政治的・社会的必然性」ともいうべきものであり、相対的に少数勢力の山内一族との対立により「失業サムライ」となった多数勢力の旧長宗我部一族の「反逆」を恐れるあまり、山内土佐藩は長宗我部側に対して郷士職を募集・付与し、新田開発を通じて永代小作権や加地子米収得権をもたらし、事実上の生活権を保障することになったのです(第二章)。ここに、いわば失業状態にあった旧長宗我部一族に対する「アメとムチ」のアメのような形で、新田開発という自助努力を伴う現物給付や取引権付与による自立支援型の広い意味での福祉政策を見出すことができます。そのように、自由・対等の精神風土の中で社会的に支持され獲得されてきた生活権は、現代に至るまで、土佐独特の生活保障の機能を担ってきたがゆえに、それを体現する土地制度が全国でも例外的に固守されてきたと言えます(第七章)。

また、「財政・経済的必然性」も見出されます。土佐藩の財政事情が深刻化するなかで、年貢の安定的確保、増収を図るためには、永代小作権や加地子米収得権の自由取引を黙認せざるを得なかったというわけです(第六章第3節)。経済的には、断続的ながらもインフレ傾向が見られる江戸時代にあって、病気、失業、災害時も含め、永代小作権や加地子米収得権は通貨を補完するリスクヘッジの保険機能をもち得ます(第六章第1節)。

さらに、「自然的必然性」が見出されます。台風や集中豪雨の影響を受けやすい土佐においては、収穫高の変動が激しく、「石盛り」の作成が意味をもたなくなる状況にあり(第三章第1節)、固定的な土地所有権をもつことは災害に伴う負担・負債を引き受けることになりますから、それを流動化してリスクの分散化を図る必要がありました。

このような様々な必然性の検証をふまえつつ、土佐固有の「永代小作権」制度の誕生とその影響が明らかにされました。封建社会のなかで、その束縛からの解放を求めるように、自由で対等な関係の下での経済活動に伴う実質的な所有権が確立されたことは、近代市民社会に向けての地核変動が、土佐の封建社会の中では、すでに固有の土地制度を通じて生まれていたことを意味します。

歴史的に育まれてきた土佐の自由・対等を尊重する精神風土や反骨精神を愛する福留氏が、今後益々、土佐固有の歴史・文化研究を一層深められるとともに、本書が様々な土佐研究者や歴史研究者等によって注目され、論議の対象とされることを願っております。

［著者略歴］
福留久司（ふくどめひさし）
高知県香美市土佐山田町に生まれる
慶応義塾大学文学部卒業
高知県立大学大学院人間生活学研究科博士前期課程終了
高知県立大学大学院人間生活学研究科研究員
現在、学芸員

土佐の郷士 龍馬たちの自由 対等
失業サムライの詩《うた》

発行日：2016年6月16日
著　者：福留久司
発行所：(株)南の風社
〒780-8040 高知市神田東赤坂2607-72
Tel 088-834-1488 Fax 088-834-5783
E-mail edit@minaminokaze.co.jp
http://www.minaminokaze.co.jp